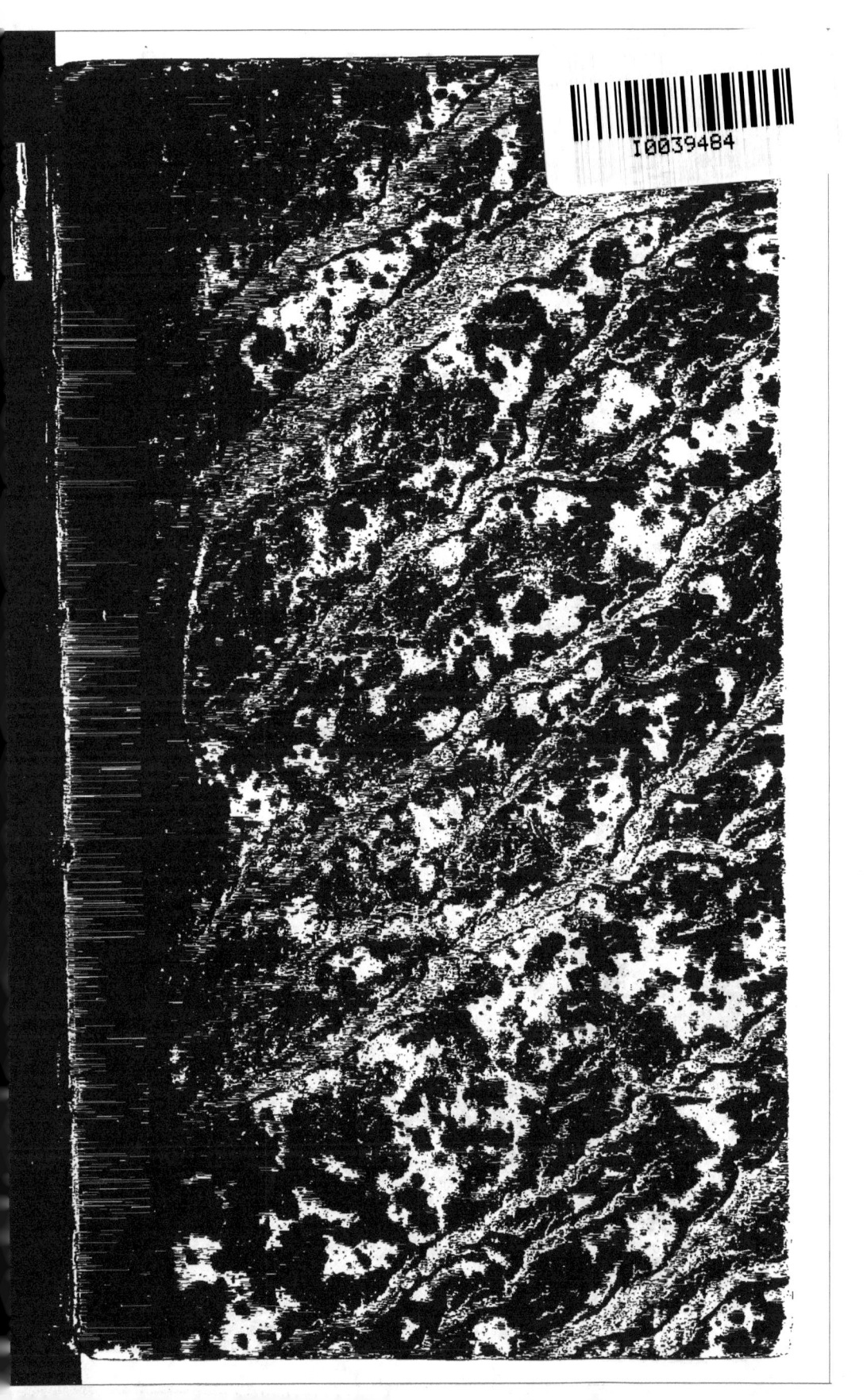

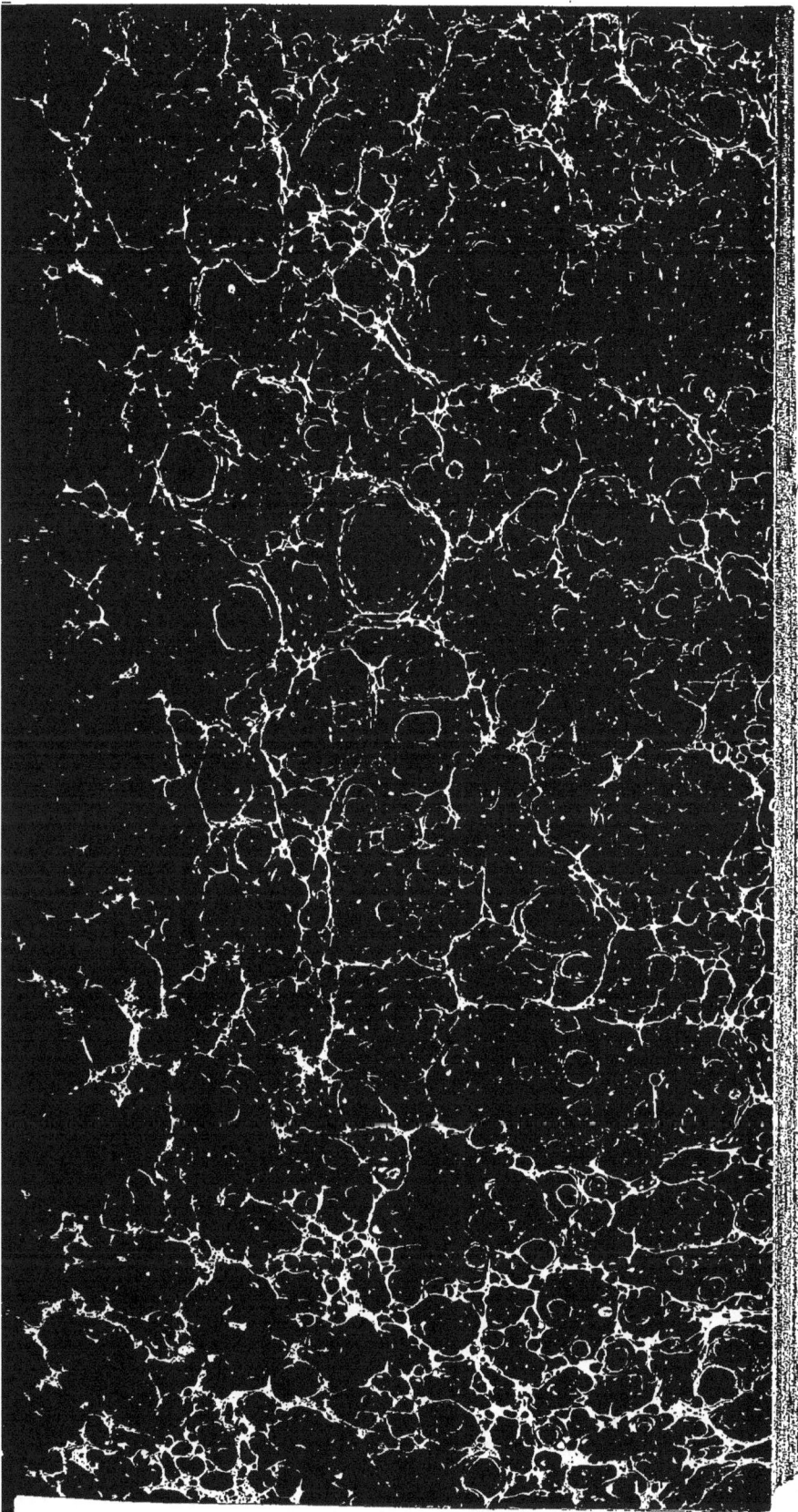

X

C.

EXERCICES

FRANÇAIS.

Tout exemplaire non revêtu de la signature de l'un des auteurs sera considéré comme contrefait, et ils poursuivront selon la rigueur de la loi tout contrefacteur ou débitant de contrefaçon.

IMPRIMERIE D'ADOLPHE ÉVERAT ET COMPAGNIE, RUE DU CADRAN, 14-16.

EXERCICES
FRANÇAIS

CALQUÉS SUR LES PRINCIPES

DE LA

GRAMMAIRE SELON L'ACADÉMIE,

PAR BONNEAU ET LUCAN,

Revus par

M. MICHAUD,

Membre de l'Académie française.

PRIX : 1 FR. 50 C. BR. , ET 1 FR. 60 C. CART.

PARIS,

CHEZ : LES AUTEURS, RUE MONTMARTRE, 167;
DELALAIN, RUE DES MATHURINS SAINT-JACQUES, 5;
GOSSELIN, AU PALAIS-ROYAL, GALERIE D'ORLÉANS.

1839.

Ouvrages des mêmes auteurs :

La **GRAMMAIRE SELON L'ACADÉMIE**, revue par M. MICHAUD,
    membre de l'Académie française. Prix. . . . .   1 fr. 50 c.
CORRIGÉ des **EXERCICES FRANÇAIS**.. . . . . . .   2 fr. »

Ouvrages de M. BONNEAU :

La **GRAMMAIRE** réduite à sa plus simple expres-
    sion, et **MÉTHODE** dédiée aux mémoires mal-
    heureuses, 9° édition. Prix des deux parties. 1 fr. 25 c.
    Prix de la Grammaire seule. . . . .   1 fr. »
EXERCICES ORTHOGRAPHIQUES, appropriés à
    l'intelligence du premier âge, 7° édit. . . . .   1 fr. 50 c.
CORRIGÉ des **EXERCICES ORTHOGRAPHIQUES**.. .   1 fr. 50 c.
ANALYSE grammaticale raisonnée, 3° édition.. .   1 fr. 50 c.
Les **PARTICIPES** RÉDUITS A DEUX RÈGLES sans
    exception, 5° édition. . . . .   1 fr. 25 c.

NOTA. Le prix de la GRAMMAIRE SELON L'ACADÉMIE et des
    EXERCICES FRANÇAIS sera, *à la douzaine*, de 1 fr. 25 c.
    br., et de 1 fr. 55 c. cart.

Sur les autres ouvrages, il est fait une remise de *vingt* pour
cent.

AVERTISSEMENT.

L'ordre que nous avons adopté dans la manière toute nouvelle de présenter aux élèves les fautes qu'ils auront à relever dans ces devoirs demande de notre part un mot d'explication.

Nous avons toujours pensé que les exercices du genre de ceux-ci manquent en grande partie leur but, par cela seul que, pour redresser les phrases qui les composent, il suffit aux élèves de prendre l'opposé de la façon d'orthographier, ou de la manière de dire qu'ils y trouvent. Qu'un enfant, par exemple, ait à corriger l'irrégularité qui existe dans cette phrase :

Voici un fait qui révelle la moralité de cet homme,

Pour peu qu'il ait étudié la grammaire, le mot *révelle* va lui rappeler qu'il y a, à l'égard de certains verbes, une règle établie sur la réduplication de la lettre *l*. Il n'a pas besoin de savoir cette règle, car il raisonne ainsi : « Le mot » *révelle* étant écrit avec deux *l*, il n'en faut probablement » qu'un, autrement il n'y aurait pas de faute dans la phrase. » Voilà comment se font les corrections; ceci, du moins, est vrai pour plus des deux tiers des élèves.

C'est donc pour que l'enfant ne puisse être si sûrement guidé par l'opposé de ce qu'on lui présente, c'est pour le forcer à chercher la règle, et à en faire l'application avec connaissance de cause, que nous lui offrons la même phrase sous cette autre forme : *Voici un fait qui révèle ou révelle la moralité de cet homme.* De même, nous lui disons :

On ne voit de fruits ou des fruits dans ces contrées que dans le commencement de juillet. — Tu étais le seul qui pusses ou qui pût me consoler de cette absence.

1.

Cette manière de présenter la difficulté la laisse subsister tout entière; et l'enfant ne peut s'aider que de la règle, le seul moyen qui puisse contribuer à ses progrès.

Il n'y a pas dans toute la grammaire un seul principe dont l'élève n'ait à faire l'application, pas une difficulté qui ne paraisse d'abord dans la récapitulation des exercices sur les principes de chaque espèce de mots, et ensuite dans la *Récapitulation générale* par laquelle nous terminons cet ouvrage. Nous avons même poussé le scrupule jusqu'à préparer des phrases sur les doubles façons de s'exprimer; on en trouvera donc du genre de celles-ci : *Les voisins ont accouru ou sont accourus à son secours. — Il y a certaines choses ou de certaines choses qui sont au-dessus de l'intelligence humaine.*

La matière de ce volume se compose de phrases usuelles, et de maximes parsemées de pensées religieuses. Les premières contribueront à faire rectifier une foule de fautes qu'on commet chaque jour dans la conversation; et les maximes auront, nous l'espérons du moins, le double avantage de plaire à l'esprit et de former le cœur : s'il en est ainsi, nous nous applaudirons d'avoir entrepris cette tâche.

EXERCICES FRANÇAIS.

CHAPITRE PREMIER.

1° *Exercices sur le* NOM *et sur l'*ADJECTIF.

(Voir dans la *Grammaire* les principes du n° 44 au n° 68.)

2° *Exercices sur l'orthographe des* VERBES.

(Voir dans la *Grammaire* les principes du n° 162 au n° 181.)

1re LEÇON. — 168. — Il n'est rien que nous oublions plus promptement que nos malheurs passés, rien qu'en général nous envions plus que les honneurs et la fortune.

144. — L'histoire nous apprend que nos aïeuls *ou nos* aïeux (1) ne sortaient guère autrement qu'armés.

166. — Les maximes des hommes décèlent *ou* décel-

---

(1) Il est un excellent moyen pour inculquer les principes aux enfants, c'est d'exiger d'eux, et à chaque phrase des exercices, l'explication du motif qui les a déterminés dans leur choix.

Or, après avoir ainsi corrigé cette phrase : *L'histoire nous apprend que nos* AÏEUX *ne sortaient guère autrement qu'armés*, l'enfant devra ajouter : « Il faut *nos aïeux*, parce qu'il est question de » ceux qui nous ont précédés dans les siècles passés. *Aïeuls* ne se dit » que du grand-père et de la grand'mère. »

On objectera peut-être que ce moyen est lent. A cela je réponds que c'est infailliblement le plus sûr ; car ici rien n'est donné au hasard : tout, au contraire, est le résultat du raisonnement.

lent leur cœur. — Cet ouvrage étincèle *ou* étincelle de mille beautés.

63. — Ces dames se sont montrées aussi adroites chasseuses *ou* aussi adroites chasseresses que leurs maris.

178. — Je crainds *ou* je crains Dieu ; et, après Dieu, je crains principalement celui qui ne le craind pas.

66. — Ceux qui sont assez sots pour consulter les devineurs et les devineuses *ou* les devins et les devineresses, sont la honte de leur siècle.

171. — Les grands hommes entreprennent de grandes choses, parce qu'elles sont grandes ; et les fous, parce qu'ils les croyent *ou* les croient faciles.

59. — Outre que cette maison est agréablement située, les locals *ou* les locaux en sont bien distribués.

Écrivez au *présent de l'indicatif*, et à toutes les personnes, les verbes suivants : *aller, envoyer, lier, niveler, révél r, percer, ranger, pescr,* (1) *répéter, cacheter, suppléer, continuer.*

2e **LEÇON.** — L'adversité déchire l'âme, mais le bonheur la corrompt *ou* la corromp.

44. — Les grands pères et les grand-mères sont encore ce qu'on appèle les aïeuls *ou* les aïeux.

165. — Quiconque projette *ou* projète le crime, est déjà coupable.

59. — Ces bocaux *ou* ces bocals ayant été mal bouchés, les liqueurs qu'ils contenaient ont perdu de leur esprit.

---

(1) **Nous** recommandons aux maîtres d'exiger que les élèves mettent les accents où il les faut.

167. — Il est difficile que vous conciliez *ou* que vous conciliiez vos devoirs avec le goût des plaisirs.

44. — Les oignons et les ails *ou* les ognons et les aulx entrent pour beaucoup dans la nourriture des paysans provençaux.

169. — En votre présence il avoura, en votre absence il nira.

44. — Direz-vous : voilà du fromage qui a beaucoup d'œils *ou* beaucoup d'yeux ; la vigne se taille à trois œils *ou* à trois yeux ?

Écrivez a *l'imparfait de l'indicatif*, et à toutes les personnes, *envoyer, lier, percer, ranger, suppléer, continuer*.

165. — Quand on est riche, on se persuade que le talent s'achette *ou* s'achète comme une étoffe.

44. — Cet artiste excelle particulièrement à peindre les ciels *ou* les cieux.

171. — Les grands comptent les autres hommes pour rien, et ne croyent *ou* et ne croient être nés que pour eux-mêmes.

166. — Il est des gens qui révèlent *ou* révellent eux-mêmes pendant le sommeil des choses qu'ils ont intérêt de cacher.

62. — Bien qu'elle cultive peu sa voix, votre sœur est une excellente chanteuse *ou* une excellente cantatrice.

3e **LEÇON.** — Nous connaîtrions bien mieux la nature, si nous l'étudions *ou* si nous l'étudiions dans ses merveilles, et non dans les livres.

65. — Les débats de la cause ont démontré que la demandeuse *ou* la demanderesse n'était pas fondée dans ses réclamations.

65. — Après la révolution de juillet, on vit fondre sur

Paris des nuées de demandeurs et de demanderesses *ou* des nuées de demandeurs et de demandeuses.

Écrivez au *futur*, et seulement à la première et à la seconde personne du singulier, *envoyer, lier, niveler, révéler, répéter, cacheter, suppléer, continuer.*

La mouche qui veut piquer la tortue rompt *ou* romp son aiguillon.

66. — Il est peu d'énigmes qui puissent embarrasser cette dame ; c'est réellement une adroite devineuse *ou* devineresse. Son frère n'est pas un aussi bon devin *ou* un aussi bon devineur.

165. — Nous n'avons ni la force ni les occasions d'exécuter tout le bien et tout le mal que nous projettons *ou* projetons.

67. — La vendeuse *ou* la venderesse n'ayant pas déclaré qu'une servitude existait sur sa maison, l'acquéreur a demandé que l'acte fut annulé.

167. — Il importe que vous ne vous liez *ou* liiez qu'avec d'honnêtes gens.

165. — A cet aspect, des impressions qui semblaient effacées de ma mémoire se renouvellèrent *ou* se renouvelèrent. — Le retour du printemps renouvèle *ou* renouvelle toute la nature.

166. — Celui qui vole et celui qui recèle *ou* recelle, sont coupables au même degré.

167. — Du temps de Napoléon, nous payons *ou* nous payions les denrées coloniales extrêmement cher.

39. — Les voitures qu'on appelle landeaux *ou* landaus ont été inventées en Angleterre.

4e LEÇON. — 165. — Les succès couvrent les fautes, les revers les rappellent *ou* les rappèlent.

166. — Le même mot se répète *ou* se répette trois fois dans un rondeau.

167. — Si vous avez le loisir d'écrire, et que vous croyez *ou* croyiez avoir le talent de composer, réfléchissez beaucoup, et lisez peu.

Écrivez au *condit. présent*, et seulement à la première et à la seconde personne du singulier, *lier* et *suppléer*.

Écrivez-les aussi à l'*impératif*, et à toutes les personnes.

Écrivez à l'*imparfait* du subj. *lier, percer, ranger, suppléer*.

Écrivez *suppléer* au participe passé masc. et au féminin.

171. — Les grandes fautes seules épouvantent, parce qu'elles effrayent *ou* effraient la conscience.

170. — Il faut, après quelques heures de travail, que les enfants se récrént *ou* se récréent.

166. — L'envie décelle *ou* décèle la médiocrité (1).

Écrivez au présent du subj., *aller, envoyer, lier, niveler, révéler, peser, répéter, cacheter, suppléer, continuer.*

CHAPITRE II.

Exercices sur le NOM.

(Voir dans la *Grammaire* les principes du n° 290 au n° 324.)

5e LEÇON. — **296.** — Les plaisirs de ce monde sont entourés de délices trompeurs *ou* trompeuses.

---

(1) Si nous ne donnons ici sur l'orthographe des verbes que quelques pages d'exercices, c'est parce que, dans le cours de cet ouvrage, nous avons eu soin d'appeler fréquemment l'attention des élèves sur ce point.

Quoiqu'ils aient perdu leur père et leur mère, ces enfants n'en sont pas moins bien élevés par leurs aïeuls *ou* leurs aïeux.

320. — Toutes les puissances de l'Europe entretiennent les unes chez les autres des consuls et des vice-consuls *ou* des vices-consuls.

304. — Oh! combien de César deviendront Laridon!

300. — Quels *ou* quelles gens faux, quels mauvais *ou* quelles mauvaises gens que tous les membres de cette famille!

292. — Plusieurs aigles furent prises *ou* pris aux Romains par les Germains, après la défaite de Varus, sous le règne d'Auguste.

301. — Il est certaines hymnes nationales *ou* certains hymnes nationaux que le retour des révolutions rappelle *ou* rappè'e au souvenir des peuples.

313. — Un nombre infini de Romains qui n'avait *ou* qui n'avaient jamais craint la mort dans les batailles, manquait *ou* manquaient de cet autre courage qui donna la terre à Auguste.

306. — Son discours fut accueilli de mille bravo *ou* bravos.

294. — Une étoffe d'un joli couleur de rose *ou* d'une jolie couleur de rose sied bien à la plupart des jeunes personnes. — En général le couleur de roses *ou* la couleur des roses devient plus pâle après que cette fleur est tout à fait épanouie.

314. — La plupart des maisons de Londres sont de briques *ou* en briques.

319. — La nécessité de toujours parler est le plus grand inconvénient des tête-à-têtes *ou* des têtes-à-têtes.

306. — La matière de cet ouvrage est divisée en une foule d'alinéa *ou* d'alincas.

291. — Dieu seul est toute ma force et tout mon aide *ou* toute mon aide.

295. — Un homme peu délicat, s'associant à un fripon, on dira d'eux que c'est une couple *ou* un couple à éviter.

312. — Le reste des ennemis s'échappa *ou* s'échappèrent par des gorges inconnues à l'armée victorieuse.

292. — On fit entendre à l'aigle enfin qu'elle avait tort.

6e LEÇON. — Une infinité de jeunes gens se perd *ou* se perdent par la lecture de mauvais livres.

299. — On a dit de Mirabeau que c'était un foudre *ou* une foudre d'éloquence, et de Napoléon que c'était une foudre *ou* un foudre de guerre.

295. — Les premiers amours sont les plus vifs *ou* les premières amours sont les plus vives.

300. — Tous les bonnes gens *ou* toutes les bonnes gens de ce hameau nous regardaient d'un air étonné. — Tous *ou* toutes les honnêtes gens furent indignés *ou* indignées d'un tel procédé.

306. — En France on a longtemps mis des prologues au commencement des opéras *ou* opéra.

297. — Quel aimable, quel intéressant enfant que votre petite nièce Pauline! quelle finesse d'expression! quel charme dans les manières!

313. — La plupart des riches sans naissance se montre *ou* se montrent fiers et pleins d'arrogance; souvent encore ils sont brutaux et insolents.

Le peu d'années que nous avons à vivre nous avertit *ou* nous avertissent de ne pas porter trop loin nos espérances.

1.

304. — Les Bossuets, les Massillons et les Bourdaloue sont nos premiers orateurs sacrés.

309. — Les maisons couvertes d'ardoise *ou* d'ardoises sont d'un aspect triste ; celles, au contraire, qui sont couvertes de tuile *ou* de tuiles plaisent à l'œil.

302. — Quoiqu'il ne soit semé que depuis quelques jours, cet orge est déjà bien levé, *ou* quoiqu'elle ne soit semée. — Dans la médecine on fait usage d'orge perlée et d'orge mondée *ou* d'orge perlé et d'orge mondé.

315. — Beaucoup sont amis de la table, et peu de la vérité.

7e LEÇON. — 305. — Donnez-moi des David et des Pharaon, amis du peuple de Dieu, et ils pourront avoir des Nathans et des Josephs pour ministres.

321. — Les grands écrivains du siècle de Louis XIV seront pour nos arrières-neveux *ou* arrière-neveux un objet d'admiration, comme ils le sont pour nous-mêmes.

312. — Il en est des livres comme des hommes : le petit nombre joue *ou* jouent un grand rôle, le reste est confondu dans la foule.

298. — Quel joli, quel bel exemple *ou* quelle jolie, quelle belle exemple d'écriture anglaise !

350. — Les paysans de la Bourgogne sont des gens excellentes *ou* excellents. — Quels excellents *ou* quelles excellentes gens que les habitants de ces contrées !

319. — La plus petite production de la nature est plus admirable que tous les chefs-d'œuvres de l'industrie humaine.

309. — Le sirop de groseille *ou* de groseilles fait une boisson agréable et rafraîchissante.

320. — Les claire-voies *ou* les claires voies pratiquées de distance en distance dans le mur du parc, nous lais-

saient apercevoir de jolis jardins, dont les plates-bandes *ou* plate bandes étaient garnies de fleurs variées.

Écrivez au *présent de l'indicatif*, et à toutes les personnes, *accourir*, *assaillir*, *assortir*, *bouillir*, *mourir*, *cueillir*, *dormir*, *acquérir*, *venir*, *fuir*, *ressortir* (c'est-à-dire *sortir de nouveau*).

8e LEÇON. — Les anciens *ou* les anciennes hymnes de l'Église ont le mérite de la simplicité.

> Que de frelons vont-pillant les abeilles !
> Que de Pradon s'érigent en Corneille !
> Que de Gauchats semblent des Massillon !
> Que de Le Dain succèdent aux Bignon !

Quand le sublime vient à éclater, il renverse tout comme un foudre *ou* comme une foudre.

La multitude d'hommes qui environne *ou* qui environnent les princes, sont cause *ou* est cause qu'il n'y en a aucun qui fasse une impression profonde sur eux.

Cet intendant s'est enrichi par les pot de vins *ou* par les pots de vin.

Parmi les noms latins qui suivent, il en est qui prennent un *s* au pluriel, et d'autres qui n'en prennent pas; tâchez d'écrire régulièrement des alinéa, des factum, des folio, des in-folio, des alto, des in-quarto, des duo, des bravo, des alibi, des trio, des duplicata, des opéra, des errata, des quatuor, des in-octavo, des factotum, des album, des reliquat, des zéro, des post-scriptum, des spécimen, des pensum, des impromptu, des quiproquo, des vivat.

Un Auguste aisément peut faire des Virgile *ou* des Virgiles.

Le nombre des victoires que ce général a remportées

l'élèvent *ou* l'élève au rang des grands capitaines de son temps.

324. — Les coqs sont d'excellents réveilles matin *ou* réveille-matin.

La race de l'aigle commune *ou* de l'aigle commun paraît moins noble que celle du grand aigle.

293. — Dans la partie supérieure de ce tableau est artistement placé un groupe de petites *ou* de petits amours.

Peu sont assez sages pour préférer un blâme amical à de fausses louanges.

C'est une pièce où l'on entend les meilleures basse-contres et les plus belles basse-taille de l'Opéra.

Voilà des rubans d'une belle couleur de feu *ou* d'un beau couleur de feu.

9ᵉ **LEÇON.** — Les Corneille, les Racine, les Voltaire, les Mo ière, ont illustré la scène française.

Un officier ennemi se présenta à nos avants postes *ou* avant-postes en parlementaire.

L'huile d'amande douce *ou* d'amandes douces est un spécifique contre certaines indispositions des jeunes enfants.

On a osé mettre en question si le grand nombre des hommes peuvent *ou* peut être nuisible à un état.

306. — Nous devons de beaux duo *ou* duos et de charmants quatuor *ou* quatuors à ce célèbre compositeur ; ses trio *ou* trios ne sont pas autant estimés.

L'inspection des havres-sacs *ou* havre-sacs amena la découverte du soldat coupable.

Les dépêches furent envoyées à l'ambassadeur par un courrier extrordinaire, et les duplicata *ou* duplicatas par une autre voie.

A l'âge de quarante ans j'avais encore mes deux aïeuls *ou* mes deux aïeux.

Les delices du cœur sont plus touchants que ceux de l'esprit *ou* plus touchantes que celles de l'esprit.

Les paratonnerres préservent du foudre *ou* de la foudre.

Il y a bien des entreprises qui s'adjugent à des prête-noms *ou* prêtes noms.

Écrivez au *présent de l'indicatif*, et à toutes les personnes, *offrir*, *ressortir* (c'est-à-dire *être du ressort* de quelque juridiction), *mentir*, *repartir* (c'est-à-dire *répliquer*), *tressaillir*, *jaillir*, *répartir* (c'est-à-dire *distribuer*), *tenir*, *haïr*, *vêtir*, *dormir*.

10e LEÇON. — Oseriez-vous me condamner sur la foi de tels *ou* de telles gens?

Callimaque a fait de jolies *ou* de jolis hymnes en l'honneur de quelques dieux.

Le plus grand nombre des animaux a *ou* ont plus d'agilité, plus de vitesse, plus de force et même plus de courage que l'homme.

Un nombre de cinquante grenadiers furent *ou* fut complété par des soldats tirés du centre.

Un nombre infini de curieux se pressait *ou* se pressaient sur le passage du prince.

L'exemple des Catons *ou* des Caton est trop facile à suivre.
Lâche qui veut mourir, courageux qui veut vivre.

Les supérieurs des communautés avaient des passe-partout *ou* des passe-partouts pour ouvrir toutes les portes.

Parmi les aigles qu'on nourrissait dans le palais de Montézume, roi du Mexique, il y en avait un si grand qu'il mangeait un mouton à tous ses repas, *ou* il y en avait une si grande qu'elle mangeait.....

La plupart des peuples de l'Asie fut soumise *ou* furent soumis à la puissance de Cyrus.

Après avoir examiné mes récépissés *ou* récépissé, après avoir fait un total de mes à comptes *ou* à compte, je fus convaincu que je ne devais nullement ces prétendus reliquats *ou* reliquat dont on me demandait le paiement.

C'est principalement en été qu'on voit des vers luisant *ou* des vers luisants.

11e **LEÇON.** — Nos soldats pleins d'enthousiasme chantaient des hymnes guerrières *ou* des hymnes guerriers en allant au combat.

Les mêmes goûts, les mêmes sentiments ont tellement uni ces deux élèves, qu'on peut dire d'eux que c'est un couple *ou* une couple inséparable.

Ce peu de mots renferme *ou* renferment plusieurs fautes.

Le passé n'a point vu d'éternels *ou* d'éternelles amours.

321. — Ce serre-papiers *ou* serre-papier est un cadeau de mes enfants. — Avez-vous retrouvé nos serres-têtes *ou* nos serre-tête?

Orgognès conseilla à Almagro de faire mourir les deux Pizarre *ou* Pizarres qu'il avait entre les mains.

Une troupe de nymphes était assise *ou* étaient assises auprès de la déesse.

Écrivez à l'*imparfait de l'indicatif*, et seulement à la première personne, *assaillir, assortir, bouillir, cueillir, acquérir, ressortir*, (c'est-à-dire sortir de nouveau), *tressaillir, jaillir, ressortir* (c'est-à-dire *être du ressort de* quelque juridiction), *vêtir*, *répartir* (c'est-à-dire *distribuer*), et *repartir* (c'est-à-dire *répliquer*).

Écrivez les mêmes verbes au *passé défini*, et seulement à la première personne.

Napoléon adopta pour ses armes un aigle *ou* une aigle tenant la foudre *ou* un foudre dans ses serres.

Des pied à terres *ou* des pied à terre à la ville offrent beaucoup d'agréments aux personnes obligées de vivre le plus souvent à la campagne.

CHAPITRE III.

*Exercices sur l'*ARTICLE.

(Voir dans la *Grammaire* les principes du nᵒ 325 au nᵒ 352.)

12ᵉ LEÇON.—332.—Je n'ai rapporté ce fait que pour vous mettre à même d'apprécier combien cette race, loin de dégénérer en France, y acquiert de la force et de la vigueur.

339. — Le plus ingénieux de tous les maîtres, c'est celui dont les leçons sont le plus *ou* les plus goûtées.

335. — Il n'y a des hypocrites *ou* il n'y a d'hypocrites que parce qu'il y a des gens vertueux.

336. — Quoique cette corporation soit nombreuse, il n'y a des hypocrites *ou* d'hypocrites que deux de ses membres.

La nature ne crée pas plus d'hommes *ou* des hommes égaux en facultés, que des visages *ou* que de visages parfaitement ressemblants.

333. — Quoique jeune, il a rempli cette mission sans

encourir de disgrâces *ou des disgrâces*, sans s'attirer des reproches *ou sans s'attirer de reproches*.

324. — Ne vous chargez pas de régler des intérêts si divers et si opposés : vous ne pourriez proposer un accommodement sans vous attirer de reproches *ou des reproches*.

342. — Le sage et le pieux Fénelon a des droits bien acquis à l'estime de tout le monde.

344. — Comme représentant *ou* comme le représentant de ces messieurs, vous eussiez dû prendre des mesures pour protéger leurs intérêts.

335. — La vérité fait le supplice des ennemis de la religion ; ils la sentent, ils la voient cette vérité, et ils n'ont d'yeux et d'intelligence que pour la voir et la sentir s'élever contre eux, *ou* ils n'ont des yeux et de l'intelligence que pour la voir et la sentir s'élever contre eux.

351 — Les bœufs de la Normandie *ou* les bœufs de Normandie sont très-estimés.

350 — Le sol de la Normandie *ou* le sol de Normandie se divise en terres à blé et en pâturages.

13ᵉ LEÇON. — **340.** — Les fourbes sont quelquefois surpris par l'endroit où ils sont le plus *ou* les plus habiles.

Les Francs qui conquirent les Gaules étaient originaires de la Germanie *ou* de Germanie.

La raison une fois sortie de la règle ne trouve plus rien qui l'arrête : plus elle avance, plus elle se creuse de *ou des* précipices.

Il est à regretter que cet homme n'ait pas reçu de l'éducation, *ou* n'ait pas reçu d'éducation.

Vous n'avez pas reçu de l'éducation, *ou* vous n'avez pas reçu d'éducation, pour en faire si peu d'usage.

On a besoin d'art pour persuader ; il devient inutile

quand on ordonne, et certains philosophes ordonnent toujours; ils ne donnent pas d'avis, de leçons, mais des préceptes, *ou* ils ne donnent pas des avis, des leçons, mais des préceptes.

Nous n'avons des nouvelles, *ou* nous n'avons de nouvelles de lui que quand il a besoin d'argent.

Nous n'avons de nouvelles, *ou* nous n'avons des nouvelles de lui que celles que nous donne votre frère.

Je ne crains point la raillerie de ceux qui n'ont d'esprit *ou* de l'esprit que pour tourner la raison en ridicule.

Il est malheureux pour un peuple que le prince par qui il est gouverné, n'ait pas de la religion, *ou* n'ait pas de religion.

Croyez-vous que la journée se passe sans qu'il tombe de pluie, *ou* sans qu'il tombe de la pluie?

La journée ne se passera pas sans qu'il tombe de pluie, *ou* sans qu'il tombe de la pluie.

Écrivez au *futur*, et seulement à la première personne, *accourir, assaillir, bouillir, mourir, cueillir, acquérir, venir, tressaillir, jaillir, tenir, vêtir.*

Écrivez les mêmes verbes au *conditionnel présent*, et seulement à la première personne.

14e LEÇON. — Il y a peu de moralistes qu'on puisse comparer au naïf et au spirituel La Fontaine.

Les hommes qu'il importe le plus *ou* les plus aux rois de connaître sont souvent ceux qui sont le plus *ou* les plus loin d'eux.

Cette garnison n'a des vivres *ou* n'a de vivres que pour une quinzaine de jours.

351. — Les blés d'Égypte *ou* les blés de l'Égypte ne font pas de pain aussi estimé, *ou* ne font pas du pain

aussi estimé que les blés de France, *ou* de la France.

A ces mots, il lui tend le doux et le tendre ouvrage, *ou* le doux et tendre ouvrage.

Cette guerre était tellement nationale, que, pour l'entreprendre, on leva des impôts considérables sans exciter de *ou* des murmures.

C'est un homme qui n'a d'esprit *ou* de l'esprit que ce qu'il en faut pour n'être pas un sot.

330. — Celui qui n'a point vu cette lumière n'aperçoit que des sombres et des fausses lueurs.

Les Chaldéens, les Indiens, les Chinois, dit Voltaire, me paraissent les nations le plus *ou* les plus anciennement policées.

Nous ne pouvions jeter les yeux sur les deux rivages sans apercevoir des villes opulentes, *ou* sans apercevoir de villes opulentes. Ce n'étaient plus ces lieux déserts et stériles que nous avions traversés non seulement sans voir des villes *ou* sans voir de villes, mais encore sans rencontrer de *ou* des villages.

C'est dans le temps que les grands hommes sont le plus *ou* les plus communs, que l'on est peu disposé à rendre justice à leur gloire.

Ce fut une véritable joie pour toute la famille, de revoir ce sincère et ce généreux ami de mon père.

15ᵉ LEÇON. — La marine d'Angleterre *ou* de l'Angleterre a toujours eu plus de réputation que la marine de France, *ou* que la marine de la France.

Les batailles de Louis XII et de François Iᵉʳ sont les sujets de bas-reliefs fort jolis; elles sont les sujets de bas-reliefs *ou* des bas-reliefs qui sont autour de leurs tombeaux.

Comme le chef du jury, *ou* comme chef du jury, je fis connaître ses délibérations.

La Bourgogne ne produit du blé *ou* ne produit de blé que pour elle; mais, en revanche, à combien de pays ne fournit-elle pas de vin *ou* du vin ?

C'est un homme qui n'a de l'aisance, de l'agrément, de l'esprit, *ou* qui n'a d'aisance, d'agrément, d'esprit que quand il est avec ses amis.

Écrivez au *présent du subjonctif*, et à toutes les personnes, *accourir*, *assaillir*, *assortir*, *bouillir*, *mourir*, *cucillir*, *acquérir*, *venir*, *fuir*, *ressortir* (c'est-à-dire *sortir de nouveau*).

Écrivez les mêmes verbes à l'*imparfait du subjonctif*, et seulement à la première personne.

CHAPITRE IV.

*Exercices sur l'*ADJECTIF.

(Voir dans la *Grammaire* les principes du n° 353 au n° 590.)

16° LEÇON. — 369. — J'ai ouï dire à feue *ou* feu ma mère que votre fille et moi naquîmes *ou* naquirent la même semaine.

385. — Les bons livres sont à la culture de l'esprit ce que sont les serres chaudes à l'éducation des plantes : ils hâtent ses développements et accélèrent ses progrès.

341. — Ce professeur a fait une étude profonde des langues française, anglaise, grecque et latine, *ou* de la langue française, de la langue anglaise, de la langue grecque et de la langue latine.

389. — Quelle que bonne que soit la tête, elle ne peut presque rien contre le cœur.

377. — Nous partîmes cinq cents *ou* cinq cent ; mais

par un prompt renfort, nous nous vîmes trois mille *ou* trois milles en arrivant au port.

361. — Cet enfant apporte à tout ce qu'il fait un soin et une attention soutenus *ou* soutenue.

365. — Saint Louis porta une couronne d'épines nu-pieds, nu tête *ou* nus pieds, nue-tête, depuis le bois de Vincennes jusqu'à Notre-Dame.

388. — Il est triste, mais nécessaire, de rendre l'enfant malheureux par instants, puisque ces instants même *ou* mêmes de malheur sont les germes de son bonheur à venir.

390. — Cette pauvre femme rougissant et baissant les yeux resta toute, *ou* tout interdite à ces mots.

Les robes rose tendre *ou* roses tendres siéent toujours bien aux jeunes personnes.

Quelques méchants que soient les hommes, ils n'oseraient paraître ennemis de la vertu.

Cette jeune personne a été dotée de cinq mille francs de rente, non compris *ou* non comprise une certaine somme pour son trousseau.

Non seulement nous ne devons pas fréquenter les impies, nous devons mêmes *ou* même les éviter comme la peste.

17e LEÇON. — Quels que ressources que vous ayez dans l'esprit, quelques vives que soient vos reparties, si vous êtes railleur, vous ne serez point aimé dans la société.

Parmi les pièces ci-inclus *ou* ci-incluses se trouve une lettre qui dévoile ses intentions.

Nos actions publiques et secrètes *ou* nos actions publiques et les secrètes *ou encore* nos actions publiques et

nos actions secrètes, sont également dévoilées aux yeux
de Dieu,

En écrivant nos pensées, elles s'échappent quelquefois
au point de ne pouvoir plus les retrouver.

La fortune ressemble au verre ; elle a son éclat et sa
fragilité.

Par l'adulation les vices des grands se fortifient, leurs
vertus *même* ou *mêmes* se corrompent.

Cette jeune personne est toute honteuse, toute émue,
toute humiliée de s'être exprimée comme elle l'a fait.

Bien que la santé de sa mère l'exigeât, cette fille déna-
turée ne lui a rendu aucun soin ou aucuns soins.

587.—Aucun propos offensant ne sort ou aucuns propos offensants ne sortent de sa bouche.

La valeur, quelque soient ses droits et ses maximes,
Fait plus d'usurpateurs que de rois légitimes.

Vers l'an douze cent *ou* douze cents, Alexis fit crever
les yeux à son fils Isaac, et s'empara du trône de Con-
stantinople.

Le nombre des blessés et des morts dans cette journée
s'élève environ à douze cent ou s'élèvent environ à douze
cents.

48ᵉ LEÇON. — Pour modérer les désirs, il suffit de
voir leurs objets tels qu'ils sont.

541. — Les enfants doivent obéissance, respect et
amour à leurs père et mère, ou à leur père et à leur
mère.

Quel que incrédules que soient les hommes pendant
leur vie, ils changent souvent de dispositions aux ap-
proches de la mort.

Les bienfaits mêmes ou même veulent être assaisonnés
par des manières obligeantes.

365. — Tous vos parents sont ici, vos tantes exce
ou exceptées.

Cette maison a coûté quatre-vingts mille cinq ce
francs, les dépendances y compris, *ou* y comprises.

Votre feu *ou* feue tante avait toutes les qualités
rendent aimable.

Les difficultés les plus sérieuses cèdent à cette per
vérance, a cette ténacité louables *ou* louable qui font
qui fait les principales qualités de son caractère.

370. — Ses vêtements attestent sa prédilection po
les draps verts olives *ou* bleu tendre.

367. — La grandeur et la bonté infinie *ou* infinies
Dieu se montre partout.

Ci-joint *ou* ci-jointe la lettre qui m'informe où en so
les choses.

Ses excellentes qualités l'ont fait sincèrement regre
ter de ses parents et amis.

389. — Une femme, quelque soit sa dot, quelle qu
grands biens qu'elle porte dans une maison, la ruin
bientôt, si elle y introduit le luxe.

Quel que grands que vous paraissent les biens qu'
possède ici, il en a de plus considérables encore e
Champagne.

Plus on lit les bons livres, plus on sent leurs beautés

382. — Il est toujours permis de poursuivre les mé
chants, leurs noms, leurs cendres même *ou* mêmes.

19ᵉ LEÇON. — 390. — Aujourd'hui encore cette dame
est toute *ou* tout aussi fraîche que dans son printemps;
comme autrefois encore, elle est toute gaie, toute aimable, toute obligeante.

Vous trouverez ci-joint, ci-inclus, *ou* ci-jointe, ci-
incluse, copie des conditions de notre marché.

Plus d'un pense *ou* pensent que Henri IV était fils de Henri III.

386. — C'est un homme d'un caractère si conciliant, que j'espère qu'il ne mettra nulle entrave *ou* nulles entraves à cet accommodement.

Nulle visite ne lui fut *ou* nulles visites ne lui furent plus agréables que la vôtre.

La religion seule peut nous rendre grands au milieu de nos malheurs mêmes *ou* même.

Il ne rendit le dernier soupir qu'après une longue et une cruelle agonie.

375. — On nous a tenu des propos fatiguant, extravaguant mêmes, *ou* fatigants, extravagants même.

Il a vendu toutes ses propriétés, excepté *ou* exceptée une petite maison de campagne.

La joie de faire du bien est toute *ou* tout autrement douce que celle de le recevoir.

Quoiqu'on eût invité plus de deux cent personnes, il n'en vint guère plus de quatre-vingt.

389. — Quel que grands avantages que la nature donne; quel que éminents que soient ses dons, ce n'est pas elle seule, mais la vertu avec elle qui fait les héros.

344. — C'est une action où tout le monde a fait son devoir, les jeunes et vieux soldats, de même que les officiers et sous-officiers.

Écrivez à l'*impératif*, et seulement à la seconde personne du singulier, *accourir, assaillir, assortir, bouillir, mourir, cueillir, dormir, acquérir, fuir, venir, ressortir* (c'est-à-dire *sortir de nouveau*), *offrir, ressortir* (c'est-à-dire *être du ressort* de quelque juridiction), *mentir, repartir, tressaillir, jaillir, répartir* (c'est-à-dire *distribuer*), *tenir, haïr, vêtir*.

20ᵉ LEÇON. — 361. — Auguste gouverna Rom
avec une égalité de caractère, une douceur soutenue o
soutenues, auxquelles *ou* à laquelle il dut le pardon d
ses anciennes cruautés.

Tout cède à la force et à la volonté réunie *ou* réunies

390. — Cette dame arriva tout *ou* toute essoufflée, tou
ou toute abattue.

Les enfants habitués à rester nue tête et pieds nus n
s'enrhument presque jamais.

294. — Les velours verts bouteille se conservent frai
peut-être plus longtemps que les autres.

367. — Je vous adresse ci-joint, ci-inclus, *ou* ci-jointe
ci-incluse, la copie de sa lettre.

Ci-joint *ou* ci-joints des sousseings que je vous prie
d'examiner avec soin.

Les contrats publics et particuliers, *ou* les contrats publics et les particuliers, *ou encore* les contrats publics et
les contrats particuliers, sont le fondement de tous les
procès de citoyen à citoyen, et même de peuple à
peuple.

L'illustration de cette famille date de onze cent *ou* de
onze cents.

Ayez grand soin de conserver les pièces ci-incluses,
les actes ci-joints, *ou* les pièces ci-inclus, les actes ci-
joint.

Quel que éclatant que soient certains faits, ils ne doivent pas passer pour grands, lorsqu'ils ne sont pas la
conséquence d'un grand dessein.

Ils y ont tous consenti, vos frères excepté *ou* exceptés.

Son congé lui permit de passer deux mois et demi *ou*
deux mois et demis avec nous.

CHAPITRE VI.

Exercices sur le SUJET.

26ᵉ LEÇON. — 453. — Fuyez tout plaisir qui pourrait être suivi d'un repentir ; n'en goûtez aucun jusqu'à satiété : *ce sont* là les deux règles du sage.

Trop de chaleur et trop de froid *sont* également nuisibles à la santé.

451. — La faiblesse, ainsi que l'oisiveté, *entraîne* à tous les vices.

Le passage du Rhin est une des plus merveilleuses actions *qui aient* jamais été faites dans la guerre.

453. — Ce que *tous les honnêtes gens*, ce que *toutes les délicates gens* recherchent, c'est l'estime et l'amitié des autres hommes.

456. — Attaquer l'ennemi à l'improviste, disparaître ensuite, reparaître de nouveau, le harceler ainsi sans relâche, lui *causaient* autant de mal qu'une *demi-défaite* en bataille rangée.

440. — Le général gaulois Brennus, lorsqu'il faisait le siége de Delphes dans l'intention de piller les richesses déposées dans le temple d'Apollon, ayant été blessé grièvement, et ne pouvant supporter sa blessure, mit fin à ses jours en se frappant de son poignard.

445. — Est-ce vous ou votre frère qui *paierez ?*

On ne juge bien *du mérite de quelqu'un* qu'après *qu'il est mort* (1).

448. — Ni l'un ni l'autre *n'eut* cette place qu'ils avaient si long-temps et si ardemment briguée.

C'est Dieu, et non les rois, qui *fixe* la durée des empires (2).

---

(1) Voici ce que nous avons dit dans les **Exercices** : *On ne peut juger du mérite qu'après la mort*. Ainsi faite, cette phrase signifie qu'*on juge après qu'on est mort*, proposition absurde.

(2) C'est-à-dire, *c'est Dieu qui fixe*, et non les rois.

2

415. — Je suis le premier qui *se soit aperçu* de cela, et qui en *ait fait* faire l'observation.

C'est moi qui, le premier, *ai fait* ces remarques.

L'univers, me dis-je, est un tout immense dont toutes les parties se correspondent : la grandeur et la simplicité de cette idée *élevèrent* mon âme.

441. — Le courage, l'intrépidité d'Alexandre *étonnait* jusqu'aux plus braves mêmes de sa propre armée.

27ᵉ LEÇON. — C'est Cicéron ou Démosthène qui *a posé* ce principe.

443. — Remords, crainte, périls, rien ne l'*effraie*.

447. — La crainte ou le respect des lois *mirent-ils* jamais un frein à l'impatience de l'avare?

La ruse est l'attribut du renard, et la force le propre du lion : l'une et l'autre *sont indignes* de l'homme.

> Le noir venin, le fiel de leurs écrits,
> *N'excite* en moi que le plus profond mépris.

448. — On est forcé de respecter les dons de la nature, que l'étude ni la fortune ne *peuvent* donner.

Cette malheureuse femme, avec deux enfants dans ses bras, *se présenta* demandant l'hospitalité.

Voilà un des enfants qui ont *le plus* remporté de prix. — C'est un de vos enfants *qui a été* le plus couronné. — Voilà celui de tous les élèves *qui a* le plus remporté de prix.

Ce ciel éblouissant, ce dôme lumineux, *atteste* la majesté et la puissance de l'Être-Suprême.

Redis, redisons, redites. — Refais, refaisons, refaites. — Contredis, contredisons, contredisez. — Défais, défaisons, défaites. — *Naître* ne saurait s'employer à l'impératif. — Ris, rions, riez. — Romps, rompons, rompez. — Tais, taisons, taisez. — Vaincs, vainquons, vainquez. — Vis, vivons, vivez.

Que je redise, que tu redises, etc. — Que je refasse, que tu refasses, etc. — Que je contredise, que tu contredises, etc. — Que je défasse, que tu défasses, etc. — Que je naisse, que tu naisses, etc. — Que je rie, que tu ries, etc. — Que je rompe, que tu rompes, etc.

— Que je taise, que tu taises, etc. — Que je vainque, que tu vainques, etc. — Que je vive, que tu vives, etc.

28e LEÇON. — Moïse a écrit les œuvres de Dieu avec une exactitude et une simplicité qui *attirent* la croyance et l'admiration.

Êtes-vous encore ce grand seigneur qui *venait* dîner chez un misérable poëte ?

Ni le talent ni le travail ne *suffisent* seuls pour faire fortune; il faut du bonheur.

449. — Ni l'une ni l'autre de ces dames *n'est* celle à qui j'ai parlé.

447. — La crainte ou la honte l'*empêchera* de commettre cette faute.

Les astronomes, qui prétendent connaître la nature des étoiles fixes, croient que *ce sont* autant de soleils.

451. — La mort, comme la naissance, *est* un mystère de la nature.

447. — Le trop grand travail ou la misère *détruisent* le tempérament.

443.—Il ne faut aux princes et aux grands ni efforts, ni étude pour se concilier les cœurs : une parole, un sourire gracieux, un seul regard *suffit*.

> Quel nouveau trouble *excitent* en mes esprits
> Le sang du père, ô ciel ! et les larmes du fils !

C'est nous qui les premiers *attaquâmes*, et avec une impétuosité telle, que la plupart des ennemis *furent* culbutés.

Ce ne peut être que toi ou lui qui *ayez perdu* cet objet.

Être né grand et vivre en chrétien *n'ont* rien d'incompatible ni dans les fonctions de l'autorité ni dans les devoirs de la religion.

Que je redisse. — Que je refisse. — Que je naquisse. — Que je risse. — Que je rompisse. — Que je tusse. — Que je vainquisse. — Que je vécusse.

Redit, redite. — Refait, refaite. — Né, née. — Ri (il n'a point de féminin). —Rompu, rompue.—Tu, tue. — Vaincu, vaincue. — Vécu. (Il n'a point de féminin.)

29ᵉ **LEÇON**. — Beaucoup voir, beaucoup entendre, beaucoup voyager *étendent* et *rectifient* les idées.

455. — Il n'y a rien de grand pour ceux qui habitent les palais des rois, *si ce n'est* (1) les plaisirs et la gloire.

Le bonheur ou la témérité *ont pu* former des héros, mais la vertu seule peut former *des grands hommes* (2).

> .... La tendresse et la crainte,
> Pour lui, dans tous les cœurs, *étaient* alors *éteintes*.

458. — *C'est* des contraires que résulte l'harmonie du monde.

La hardiesse, l'audace de ce guerrier le *rendait* redoutable.

Nous sommes trois *qui voulons* bien entrer en accommodement; mais parmi vous, messieurs, vous êtes un bien plus grand nombre *qui persistez* dans votre première résolution (3).

La vertu, de même que le savoir, *a* son prix.

446. — C'est toi ou moi qui *perdrons* la partie.

Ce n'est pas seulement les armes à la main (4), et sur un champ de bataille qu'on peut donner des marques de courage, c'est aussi sur le lit de douleur.

Chacun loue son métier : les couvreurs disent des soldats que ce sont des fous; ceux-ci, qu'il n'y a rien de grand que la guerre, et que, pour le reste (5) des hommes, *ce sont* des coquins.

---

(1) Ici *si ce n'est* signifie *excepté*. (Voir n. 455 de la *Grammaire*.)

(2) *Grand homme* est une sorte de nom composé; c'est pourquoi il faut *des* et non *de*. (Voir n. 551 de la *Grammaire*.)

(3) Cette expression *un bien plus grand nombre* n'étant qu'un collectif partitif correspondant à *davantage* ou *beaucoup plus*, ne saurait être le sujet de *persister*; ce sujet est *vous*.

(4) Il faut *c'est*, parce qu'il y a ellipse. Effectivement, c'est comme si l'on eût dit : *ce n'est pas seulement* LORSQU'ON A *les armes...*

(5) Quoique *le reste* soit le sujet du verbe *être*, on ne pourrait guère dire *le reste des hommes* EST *des coquins*. Il serait encore moins régulier de dire : *le reste des hommes* SONT *des coquins*, puisque le sujet *le reste* ne peut se concilier avec *sont*. Nous avons levé la difficulté en disant *et que*, POUR *le reste des hommes*, CE SONT *des*

Grand Dieu, qui *commandes* (1) à la terre, et qui *règles* le mouvement des astres, daigne protéger ma faiblesse contre l'injustice des hommes!

Le temps efface bien des peines *que l'on croyait éternelles.*

30e LEÇON. — Ce qu'on *appelle* mensonges officieux, *ce sont* de vrais mensonges.

Malgré toutes leurs protections, ni votre ami ni le mien n'*aura* la place de secrétaire du ministre.

On lit toujours avec un nouveau plaisir Horace et Virgile; *ce sont* en effet les meilleurs poëtes latins.

Ni la douceur ni la force ne l'*ébranlèrent.*

L'affection ou la haine *changent* la justice.

Ce qui m'attache le plus à la vie, *c'est* ma femme et mes enfants.

Les Romains, se destinant à la guerre, et la regardant comme le seul art qu'ils dussent cultiver, *avaient mis* tout leur esprit et toutes leurs pensées à le perfectionner.

Je ne vois que vous deux *qui puissiez* vous charger d'une telle entreprise.

Ce ne peut être ces personnes qui aient tenu ce propos.

Veuillez nous laisser faire, messieurs; nous sommes des gens *qui savent* leur métier.

Si ce n'est les souvenirs que laissent les belles actions qu'on a faites durant sa vie, *si ce n'est les consolations* que donne la religion, l'extrême vieillesse n'a rien qui la soutienne.

Ni l'un ni l'autre de ces généraux n'*aura* le commandement en chef de l'armée.

Ni l'un ni l'autre *ne sont arrivés.*

Un seul mot, un soupir, un coup d'œil nous *trahit.*

---

coquins. Mais il serait beaucoup mieux de remplacer ces mots : *le reste des hommes*, par ceux-ci : *et que les autres hommes*, et alors toute difficulté disparaîtrait.

(1) *Commandes* et *règles* sont à la seconde personne, parce qu'en effet on s'adresse, on parle à Dieu; c'est comme s'il y avait : Grand Dieu! TOI *qui commandes et qui règles*.....

CHAPITRE VII.

1° *Exercices sur le* RÉGIME.

2° *Exercices sur* l'AUXILIAIRE *de quelques verbes neutres.*

31e LEÇON. — 459. — La mort *heurte à la* chaumière du pauvre *et au* palais des rois, et *y pénètre* également.

458. — C'est précisément *là que* je vous attendais.

487. — Les habits à la française ont passé *ou* sont passés de mode.

Le sage *craint le mal et s'en détourne;* l'insensé *continue sa route, et y marche* avec assurance.

498. — *Il a resté* plusieurs jours à faire un travail qu'un homme habile eût terminé en quelques heures.

Bien des gens occupent des places qu'ils ne devraient pas occuper, parce qu'ils *n'en sont pas dignes, et qu'ils ne sont pas propres* à les remplir.

489. — La pluie qui *est tombée* hier a ranimé la campagne.

497. — Rien n'a échappé *ou* n'est échappé à sa pénétration.

Le désir violent avec lequel les hommes cherchent un objet qu'ils puissent aimer, *et dont ils soient aimés,* naît de la corruption de leur cœur.

491. — A ces cris, nous *sommes accourus* ou nous *avons accouru* pour leur porter secours.

496. — Sa voiture *est demeurée* au milieu de la route.

461. — *Employons à notre salut* toute cette vaine curiosité qui se répand au dehors.

492. — Jusqu'ici nous les avions crus sincères, mais enfin leur duplicité nous *est apparue* ou nous *a apparu.*

Chaque rivière retourne *au lieu d'où* elle est partie (1).

493. — Il *a* ou *il est résulté* des débats qu'un des accusés était innocent.

496. — Il *a demeuré* plus de deux heures à ce travail.

Absoudre n'a pas d'imparfait du subjonctif. — Que je résolusse. — Que je cousisse. — Que je crusse. — Que je disse. — Que je contrefisse. — Que je dédisse. — Que je moulusse.

Absous. — Résolu. — Cousu. Crû. — Dit. — Contrefait. — Dédit. — Moulu.

32ᵉ LEÇON. — Les courtisans de Darius accusent Daniel d'avoir violé la loi des Perses ; mais ce n'est pas *de la majesté de la loi* qu'ils sont jaloux, c'est la gloire de Daniel qu'ils haïssent.

Le véritable zèle du bien public ne cherche qu'à se rendre utile ; et à l'homme vertueux et qui aime l'état, *les services tiennent lieu* de récompense.

Comme *il a resté* quelques années dans ce pays, il peut en parler avec connaissance de cause.

C'est du sein inépuisable de la terre *que sort* tout ce qu'il y a de plus précieux.

Les choses en *sont demeurées* là.

C'est du contentement de l'âme *que* la puissance et la gloire tirent leur éclat le plus solide.

De ce procès *il a résulté* ou *il est résulté* de grands frais pour les deux plaideurs.

Nous avons *laissé échapper une circonstance* qui ne se représentera pas.

Le plaisir de la chasse était pour lui une sorte de frénésie *qui lui a passé* ou qui lui *est passée.*

C'est au terme de la carrière *que* l'on reçoit le prix de la course ; c'est aussi vers la fin de la vie *que* l'on cueille la palme de la sagesse.

---

(1) On ne peut dire, comme dans les Exercices, *chaque rivière retourne d'où elle est partie*, attendu que *d'où* ne peut être tout à la fois le régime de *retourner* et de *partir* ; en effet, on dit *retourner à, dans*, et *partir de.*

A la voix de leur mère, ces enfants *ont accouru* où *sont accourus* pour l'embrasser.

Je vous ai dejà dit que l'aimant *attire* le fer et l'acier, et qu'il leur *communique* la vertu qu'il a de les attirer. »

Le centurion envoyé par Mucien entre dans le port de Carthage ; et dès qu'il *est débarqué,* il élève la voix.

C'est un affront qu'il n'aurait pas souffert, s'il *était* sensible.

Sa blessure *a demeuré* six mois à se cicatriser.

C'est de la Sibérie *que nous viennent* les fourrures les plus estimées.

Cet héritage lui *a échappé* ou lui *est échappé* au moment où il croyait le tenir.

CHAPITRE VIII.

Récapitulation des exercices sur le NOM, *l'*ARTICLE, *l'*ADJECTIF *et le* PRONOM.

35ᵉ LEÇON. — Les hommes *les plus accomplis* ont des défauts, les meilleurs sont ceux qui en ont *le moins.*

Le *seizième et le dix-septième siècle* furent marqués **par** de grandes découvertes.

Il est *certaines femmes* ou *de certaines femmes* d'un caractère tel, qu'elles ne sauraient parler de personne, pas même de leurs amies, *sans en dire du mal.*

Il y a des beaux esprits de deux sortes : ceux qui le sont effectivement, et ceux qui croient l'être et qui ne *le* sont pas.

Les croisées de cette prison sont garnies d'*abat-jour.*

Jugez de l'immensité des cieux, puisque Sirius, la plus brillante des étoiles fixes, et *à laquelle* on donne un diamètre de trente-trois millions de lieues, pourrait conséquemment remplir l'espace qui sépare la terre du soleil.

Être trop mécontent de soi *est* ou *c'est* faiblesse ; en être trop content *est* ou *c'est* une sottise.

Pour répondre à ces besoins, tous les habitants ont contribué chacun selon *leur* fortune.

Leurs longs *tête-à-tête* ont fait penser qu'il y avait eu concert entre eux.

Quelque grands que soient les malheurs du hasard, ceux qu'on s'attire sont cent fois plus cruels.

Les plaisirs sont des fleurs semées parmi les ronces de la vie ; mais *il faut les cueillir* ou *il les faut cueillir* avec soin, car *on en flétrit* aisément *la* beauté passagère.

Tu étais le seul qui *pût* me dédommager de l'absence de ma fille.

> L'aigle *fier* et rapide, aux ailes étendues,
> Sur l'objet de sa flamme *élancé* dans les nues.

C'est un devoir, une obligation sacrée *à laquelle* nous ne manquerons pas.

34e LEÇON. — Nous trouvâmes la mère et la fille *tout* éplorées, *toutes* consternées.

Les vérités qu'on aime *le moins* sont souvent celles qu'il importe *le plus* de savoir.

Nous trouvâmes ces malheureux presque sans vêtements, *nu-tête* et *pieds nus*.

> *L'un l'autre* vainement ils semblent se haïr.

Il est tellement sûr de la réussite de cette affaire, qu'il prend sur *lui* l'événement.

La plupart des rois tiennent autant à *leur trône* ou à *leurs trônes* qu'à *leur vie*. — Les fleuves ont *leur source* ou *leurs sources* au pied des montagnes. — Les cochers de certaines voitures publiques dorment souvent plus sur *leur siége* ou sur *leurs siéges* que dans *leur lit* ou *leurs lits*. — Le docteur Gall prétend que la conformation de *notre crâne* décèle les qualités et les défauts de *notre cœur*.

C'est un homme qui souffre les injures de ses voisins sans jamais en témoigner *de ressentiment*.

2.

Les penchants du père pour le vice y ont entraîné ses deux fils : fuyez, mon cher ami, *ce couple dangereux*.

Le rosaire est composé de cent cinquante *ave* et de quinze *pater*.

Corneille a réformé *la scène tragique et la scène comique* par d'heureuses imitations.

Les meilleurs princes *mêmes*, pendant qu'ils ont une guerre à soutenir, sont souvent contraints de faire des actes répréhensibles, et quelquefois les plus grands maux *même*.

Mes deux fils voyagent *chacun leur tour* pour *leur* plaisir.

35ᵉ **LEÇON.** — Baléazar a commencé son règne par une conduite *tout* opposée à celle de Pygmalion.

Les émoluments qu'on lui offre ne répondent pas à l'importance de son travail : c'est un homme qui ne se donne pas *de la peine* (1) pour si peu de chose.

Considérée *comme œuvre* littéraire, cette pièce n'est pas sans mérite ; mais quelle en est la morale ?

Notre voiture faisait deux lieues *et demie* à l'heure.

Quelques grands biens que vous ayez, *quelles que* soient les personnes qui vous entourent, et *quelque* précieuses *même* que soient vos qualités personnelles, sans la santé vous ne serez pas heureux.

Les vins *de France* s'exportent dans tous les pays *de l'Europe*, et même dans le nouveau continent.

A ce passage, la voix de l'orateur fut couverte de mille *bravos*.

Jamais on ne se lie d'intérêt ou d'amitié avec les méchants sans en avoir *du repentir*.

Les cosaques sont en général les *avant-coureurs* des armées russes.

Il a eu recours à un moyen, à un expédient tout *particulier*.

---

(1) Puisqu'il y a offre d'émoluments, puisqu'il s'agit d'un travail d'une certaine importance, il y a donc eu *quelque peine* : or, il faut l'article.

— 35 —

Vanter sa race, *c'est* louer le mérite d'autrui.

La persévérance vient à bout de tout : les gouttes d'eau creusent à la longue le rocher sur *lequel* elles tombent.

C'est un homme tellement distrait, que sans cesse il fait des *quiproquo*.

Nous sommes tous frères, et devons conséquemment nous protéger *les uns les autres*.

Les charbonniers et les forts des halles portent les fardeaux autant sur *leur tête* ou *leurs têtes* que sur leurs épaules.

36e LEÇON.—Ceux qui ont écrit l'histoire en France et en Espagne n'étaient pas des *Tacites*.

Ils étaient *les boute-feu* de cette sédition.

Quelque dissimulés que soient les méchants, Dieu connaît les moindres secrets de *leur cœur* ou de *leurs cœurs*.

La sagesse est une espèce de sacerdoce : tous les arts, tous les hommes, les pervers *même* lui rendent hommage.

Vous devez vous estimer fort heureux d'être sorti de cette affaire *sans avoir eu de perte*.

Que de personnes parmi nous connaissant assez bien la langue grecque et la langue latine *ou* les langues grecque et latine, écrivent incorrectement la langue française!

La plupart des voyageurs se sont donné la peine de dessiner cet édifice, *chacun à sa manière*.

Si l'injustice pouvait être excusable, elle *le* serait envers les ennemis de nos amis.

Nous sommes liés par *une ancienne et étroite* amitié qui ne s'est jamais démentie.

Il est aisé à ceux qui se portent bien de donner *de bons conseils* aux malades.

On prétend que les *chats-huants* voient plus clair la nuit que le jour.

Les *trompeuses* délices des plaisirs sont *suivies* de cuisants repentirs.

Vous recevrez *ci-joint* trois effets qui soldent mon compte.

La Russie est le pays le plus froid de l'*Europe*, la Suède et la Norwége *exceptées*.

La révolution de *mil* huit cent trente n'a pas, comme celle de *mil* sept *cent* quatre-vingt-neuf, à déplorer *de* réactions.

Bien que ses intentions fussent de favoriser quelques-uns de ses héritiers, la mort le surprit avant qu'il eût fait *aucunes* (1) *dispositions*.

37° **LEÇON**. — Nous prîmes pied après avoir traversé les deux tiers du fleuve; mais à quelques brasses plus loin, *le lit devint plus profond*.

Cette étoffe est *d'un couleur de rose* charmant.

Nous n'avons *des nouvelles* de cette famille que tous les deux mois.

Nous n'avons *d'argent* à lui que deux cents francs.

Nous n'avons *de l'argent* à lui que parce qu'il a craint qu'on ne le lui dérobât dans sa maison.

Quels que soient les humains, il faut vivre avec eux,
Un mortel difficile est toujours malheureux.

Oui, j'ai des complices, disait ce criminel, mais je mourrai sans faire *de révélations*.

Nos plus belles fourrures nous viennent *de Russie.*— C'est un usage qui nous vient *de la Russie* (2).

Catherine de Médicis était jalouse de son autorité, et *le* devait être *ou* et devait l'être.

Il y a *certaines choses* ou *de certaines choses* qui ne souffrent point de médiocrité : la poésie, la musique et la peinture.

Nous nous devons *les uns aux autres* un mutuel appui.

Que je ressortisse, que tu ressortisses, etc. — Que je tressaille, que tu tressailles, qu'il tressaille, que nous tressaillions, etc. — Que je reparte, que tu repartes, etc.

(1) Comme on ne dit pas *faire* SA *disposition*, mais *faire* SES *dispositions* avant de mourir, il faut le pluriel, même avec *aucun*.
(2) C'est-à-dire *de la nation russe*.

Qu'il jaillisse, qu'ils jaillissent. — Que je repartisse, que tu repartisses, etc.—Que je tienne, que tu tiennes, qu'il tienne, que nous tenions, que vous teniez, qu'ils tiennent. — Que je vête, que tu vêtes, etc.

Que je ressortisse. — Que je tressaillisse. — Que je repartisse.— Qu'il jaillît, qu'ils jaillissent. — Que je répartisse. — Que je tinsse. — Que je vêtisse.

58ᵉ **LEÇON.** — Presque tous les tableaux de ce peintre sont des *chefs-d'œuvre.*

Les révolutions ne s'opèrent pas sans ruiner *des fa-milles.*

Ils portaient tous la cocarde nationale à *leur chapeau* ou à *leurs chapeaux.*

Le pays *d'où* je viens est un des plus fertiles *de la France.*

.... Ma muse *tout* en feu me prévient et te loue.

Combien de fois ne nous a-t-il pas donné *des* preuves de son *ferme et constant* attachement?

Chacun dit du bien de son cœur, et personne *n'en ose dire* ou *n'ose en dire* de son esprit.

Les deux familles réunies occupent *le premier et le second étage* de cette maison.

Par elle-même la ville offre peu d'agréments, mais *les alentours en sont* délicieux.

La réforme du calendrier fut opérée par un retranchement de dix jours en l'année *mil* cinq *cent* quatre-*vingt*-deux, par l'ordre du pape Grégoire XIII.

Il faut remettre ces livres *chacun à sa place.*

Les langues ont chacune *leur bizarrerie.*

Je ne vois plus *aucune difficulté* aux conclusions défi-nitives de cette affaire.

Il existe un préfet dans chacun de nos *chefs-lieux* de département.

Combien de *belles et inutiles paroles* à étaler à celui qui est dans une grande adversité, pour essayer de le rendre tranquille.

Nous ne prîmes *des provisions* que pour quelques jours.

Ce cheval a parcouru vingt *milles* en deux heures.

Chacun doit aimer son semblable, veiller sur ses besoins, les prévenir *même*.

39e LEÇON. — Telle est la condition à laquelle il s'arrête, bien décidé à n'en accepter nulle autre, *quelques* avantages qu'elle lui présente, *quelle qu'elle* soit enfin.

C'est une nouvelle que nous avons apprise avec une satisfaction, avec une joie *bien vive*.

Il ne faut pas ajouter trop de foi aux *demi-preuves*.

> Louis de ses regards récompensait leurs veilles,
> Un coup d'œil de Louis enfantait des *Corneilles*.

Les deux escaliers de sa maison sont de vrais *casse-cou*.

Il y a *telles* gens qui s'enorgueillissent des travers dont ils devraient *le plus* rougir.

C'est un homme qui peut parler de tous les principaux faits de *l'histoire ancienne et de l'histoire moderne*.

Ces deux dames avaient des robes *vert pomme* et des châles *jaune tendre*.

L'ennemi prit position près du bois et *y resta* jusqu'au soir.

L'Egypte aimait la paix, parce qu'elle aimait la justice, et n'avait *des soldats* que pour sa défense.

Le nombre des soldats faits prisonniers dans cette rencontre s'élève à dix-huit *cents*, et le nombre des morts à quinze *cent quatre-vingts*.

J'ai souvent ouï-dire à *feu* ma *grand'mère* qu'autrefois nous avions *de* grandes propriétés en Normandie.

C'est une contrée où on ne voit *des fruits* que vers la fin de juin.

Ne le croyez pas sur parole; c'est un homme qui a toujours eu des *arrière-pensées*.

40e LEÇON. — Les Romains ne triomphèrent des provinces gauloises qu'en les divisant et en les opposant *les unes aux autres*.

Il me reste encore quelques *numéros* de ce journal.

Les armées de la France, sous le règne de Napoléon, se sont quelquefois élevées à huit *cent mille* hommes.

Il est tombé chez lui une nuée de parents qui le *grugent*.

On estime sa terre à huit *cent* quatre-vingt *mille* francs, la forêt *non comprise*.

Nous n'avons pas *des talents* qui nous rendent propres à tout.

Cette montagne est si élevée que nous *n'en atteignîmes le sommet* qu'après deux heures de marche.

Je crains les Grecs lors *même* qu'ils font des présents.

La fortune tourne *tout* à l'avantage de ceux qu'elle favorise.

Nous n'avons surmonté cette difficulté qu'avec un travail, une peine *extrême*.

L'homme d'un plomb mortel atteint *cet aigle altier*.

Quoique nous l'eussions prié de nous écrire, il a été plusieurs mois sans nous donner *de nouvelles*.

Cet accident ne serait point arrivé, si les rives du canal étaient bordées de *garde-fous*.

Les *gardes champêtres* sont des agents préposés à la garde des récoltes et des propriétés rurales.

Tel qui cachait son âge à quarante ans l'augmente à quatre-vingts.

C'est un appartement où vous ne pouvez actuellement rester *sans faire du feu* (1). — Quoiqu'il fît froid, il est resté plusieurs jours *sans faire de feu* (2).

Il s'en trouva *plus d'un qui fut* mécontent d'un tel arrangement.

Cette marchandise nous est arrivée sans *aucuns* frais.

---

(1) Le fond de la pensée est affirmatif, c'est-à-dire qu'il faut *faire du feu*.

(2) Ici la pensée est négative, c'est-à-dire qu'on *n'a point fait de feu*.

CHAPITRE IX.

Récapitulation des exercices sur le SUJET, *le* RÉGIME *et l'emploi des temps de l'*INDICATIF.

41ᵉ LEÇON. — Une trop grande négligence, comme une excessive parure dans les vieillards, *multiplie* leurs rides, et *fait* mieux voir leur caducité.

Seraient-ce ses frères et son oncle qui auraient mission de régler cette affaire? *Ne serait-ce* pas plutôt votre oncle et ses fils?

Le fer, le bandeau, la flamme *est toute prête.*

Ni l'un ni l'autre *ne sont* contents.

Ni l'un ni l'autre *n'est* l'homme qu'il nous faut.

Loin d'être la dupe de ses adversaires, il a su *connaître sa position* et *en tirer parti.*

Les consuls ne pouvant obtenir l'honneur du triomphe que par une conquête ou par une victoire, *faisaient* la guerre avec une impétuosité extrême.

Ce malheureux père, avec sa fille désolée *s'avançait* morne et silencieux, pleurant une épouse chérie.

Vous vous êtes conduit dans cette affaire en homme qui *sait* faire la part des circonstances.

Non-seulement toutes ses richesses et tous ses honneurs, mais encore sa vertu *s'évanouit.*

La première action de l'homme fut de se révolter contre son Créateur, et d'employer, *pour l'offenser,* tous les avantages qu'il en avait reçus (1)

Je meurs, tu meurs, il meurt, nous mourons, vous mourez, ils meurent. — Je pourvois, tu pourvois, il pourvoit, nous pourvoyons, vous pourvoyez, ils pourvoient. — Je prévaux, tu prévaux, il prévaut, nous prévalons, vous prévalez, ils prévalent. — Je m'assieds, tu

(1) Ces mots, *pour l'offenser,* placés après *avait reçus,* comme on les trouve dans les Exercices, feraient équivoque.

t'assieds, il s'assied, nous nous asseyons, vous vous as-
seyez, il s'asseyent. — Je vaux, tu vaux, il vaut, nous
valons, vous valez, ils valent. — Je veux, tu veux, il
veut, nous voulons, vous voulez, ils veulent.

Je mouvais, tu mouvais, etc. — Je pourvoyais, tu
pourvoyais, il pourvoyait, nous pourvoyions, vous pourvoyiez, ils pourvoyaient. — Je prévalais, tu prévalais, etc. — Je m'asseyais, tu t'asseyais, il s'asseyait.
nous nous asseyions, vous vous asseyiez, ils s'asseyaient.
— Je valais, tu valais, etc. — Je voulais, tu voulais etc.

42ᵉ LEÇON.—Aristote a dit qu'*il n'y a* rien dans notre
entendement qui n'ait auparavant passé par les sens.

L'esprit, ainsi que le corps, se *fatigue*, il *lui* faut du
repos.

Nous devons aux arts cette douceur de caractère,
cette urbanité de mœurs, *qui rend* parmi nous le commerce
si liant et si facile.

L'honnêteté consiste principalement en deux choses :
à faire ce à quoi l'on est engagé, et *à ne rien faire* contre
la vérité.

Ils ont agi chacun selon *leurs* instructions.

C'est *dans cet endroit que* je le vis pour la première fois.

Enfin sa manie des voyages lui *a passé*

Nous vivons comme deux amis qui *savent se* passer
quelques légers défauts de caractère.

Chez les animaux, c'est la brutalité qui *leur* (1) fait
suivre le mouvement de leur colère.

Tandis que le cardinal Mazarin *gagnait* des batailles
contre les ennemis de l'état, les siens intriguaient et combattaient contre lui; *ou* tandis que le cardinal M. gagne
des batailles contre les ennemis de l'état, les siens *intri-
guent et combattent...*

> J'ai pour aïeul le père et le maître des dieux ;
> Le ciel, tout l'univers *est plein* de mes aïeux.

---

(1) Ici il faut *leur* et non *les*, parce que 1° le verbe *faire*, ainsi
placé avant un verbe, est en quelque sorte partie de ce verbe, et ne
peut conséquemment avoir de régime; 2° et que *suivre*, ayant pour
régime direct *mouvement*, ne peut recevoir un second régime direct.

Cet homme passe pour être fort maladroit ; et, en effet, *je l'ai vu faire* bien des sottises.

On a dit que l'aumône *est* le sel des richesses , et que, sans ce préservatif, elles se *corrompent*.

Ils nous ont écrit à ce sujet *chacun de leur côté.*

Tu étais *le seul qui pût* me dédommager de l'absence de mon frère.

La neige *a tombé* pendant les deux jours que nous avons passés dans cette ville.

43e LEÇON.— Jusque-là les lumières n'avaient été le partage que de quelques-uns ; mais l'invention de l'imprimerie les répand ; une éducation nouvelle donne aux hommes d'autres mœurs, développe leur génie, et bientôt les arts se *perfectionnent.*

Le temps ou un peu d'eau *nettoient* les taches du corps; mais ni le temps ni l'eau d'aucun fleuve ne *peuvent* enlever les taches de l'âme.

C'est une fête à laquelle *ont accouru* ou *sont accourus* tous les pays voisins.

Le vrai talent, le vrai génie, *a* une certaine simplicité qui le rend moins inquiet, moins remuant, moins prompt à se montrer.

Le fanfaron, le poltron, *veut* à toute force passer pour brave.

Au commandement de leur général , les soldats prennent les armes , se rangent en bataille, et *attendent* l'ennemi de pied ferme.

Garder le secret, bien employer son loisir, supporter les injures, *sont* trois choses bien essentielles au bonheur de l'homme.

Je parle de cette ville pour y *avoir demeuré* cinq ans.

Les revenus de l'état *entrent dans le trésor public et en sortent* perpétuellement ; *il donne aux mêmes personnes de qui il reçoit.*

Les deux armées se retirèrent *chacune dans son pays.*

La calomnie, ainsi que les bêtes féroces, *déchire* et *tue* ceux qu'elle attaque.

Il est rare que l'homme retourne *au point d'où* il est parti (1).

Quelques savants ont dit que l'ignorance *est* la nuit des temps, et que cette nuit n'*a* ni lune ni étoiles.

Paris est fort beau pour un homme comme vous, monsieur, qui *portez* un grand nom, et qui *savez* le soutenir.

Le résultat de cette bataille est que dix mille hommes *sont demeurés* sur le champ de bataille.

44e **LEÇON**. — La sagesse et la folie sont également en notre pouvoir ; c'est *de nous que* dépend notre choix.

Qui pourrait dire *quelles sont* quelquefois la faiblesse et l'inconséquence des hommes.

Le général, voulant profiter de la démoralisation de l'armée ennemie, s'avance à marche forcée, l'atteint et la *taille en pièces.*

La vanité est si ancrée dans le cœur de l'homme, qu'un goujat, un marmiton, un crocheteur *se vante* et *veut* avoir ses admirateurs.

Un peu de culture avec beaucoup de mémoire *suffit* pour donner l'apparence d'un esprit étendu.

Il n'est pas croyable qu'une pareille inconséquence lui *soit échappée.*

Il n'y a rien que l'espérance ou la crainte ne *persuadent* aux hommes.

L'impuissance jointe à la méchanceté ne *peut* produire que le mépris et l'éloignement.

Ovide a dit que l'étude *adoucit* les mœurs, et qu'elle *efface* ce qu'il y a en nous de grossier et de barbare.

Les deux *Rousseau* ont été célèbres *chacun dans leur genre.*

Où règne si impérieusement le vice, ne croyez pas que la tranquillité d'esprit et le plaisir *puissent* habiter.

L'histoire, ainsi que la physique, ne commença à se débrouiller que vers la fin du seizième siècle.

Je mus. — je pourvus. — Je prévalus. — Je m'assis. — Je valus. — Je voulus.

(1) Voyez la note de la page 51.

Je mouvrai. — Je pourvoirai. — Je prévaudrai. — Je m'assiérai. — Je vaudrai. — Je voudrai.

Que je meuve, que tu meuves, qu'il meuve, que nous mouvions, que vous mouviez, qu'ils meuvent. — Que je pourvoie, que tu pourvoies qu'il pourvoie, que nous pourvoyions, que vous pourvoyiez, qu'ils pourvoient. — Que je prévale, que tu prévales, qu'il prévale, que nous prévalions, que vous prévaliez, qu'ils prévalent. — Que je m'asseye, que tu t'asseyes, qu'il s'asseye, que nous nous asseyions, que vous vous asseyiez, qu'ils s'asseyent. — Que je vaille, que tu vailles, qu'il vaille, que nous valions, que vous valiez, qu'ils vaillent. — Que je veuille, que tu veuilles, qu'il veuille, que nous voulions, que vous vouliez, qu'ils veuillent.

CHAPITRE X.

Exercices sur l'emploi des temps du SUBJONCTIF.

(Voir dans la *Grammaire* les principes du n° 504 au n° 556.)

45ᵉ **LEÇON**. — 507. — Il importe, mon cher fils, que vous *sentiez* le prix du temps, et que vous l'*employiez* à votre instruction.

511. — Caligula exigea que les Romains lui *rendissent* des honneurs.

Je ne pense pas que vous *arriviez* assez tôt, si vous ne prenez une chaise de poste.

Il était juste que vous les *dédommageassiez* de leurs peines et de leurs soins.

504. — Il est certain que ces personnes *sont* à Paris depuis quelques semaines.

Il n'est pas certain que ces messieurs *veuillent* nous accompagner ni qu'ils le *puissent*.

On s'est servi d'écorces d'arbres ou de peaux pour écrire avant que le papier *fût* en usage.

Lycurgue, par une de ses lois, avait défendu qu'on *éclairât* ceux qui sortaient le soir d'un festin, afin que la crainte de ne pouvoir rentrer chez eux les *empêchât* de s'enivrer.

504. — Il est probable que vous *êtes* dans l'erreur.

Est-il probable qu'il *consente* à une proposition si opposée à ses intérêts? n'est-il pas plutôt à craindre qu'il ne *soit* plus exigeant que dans le principe?

511. — Dieu juste! serait-il vrai que tu *visses* avec indifférence le crime triomphant et la vertu souffrante?

507. — Je ne permettrai pas que vous *envoyiez* rien chercher pour nous.

Il faudrait que celui qui parle se *mît* à la portée de ceux qui l'écoutent, et que celui qui écrit *eût* le dessein de se faire comprendre de ceux qui lisent ses ouvrages.

Il vaudrait mieux, mon fils, que vous *perdissiez* la vie que de perdre votre honneur.

Je doute qu'il le *fasse* si on ne l'y contraint.

508. — Je doute qu'il le *fît* si on ne l'y contraignait.

Je pense que vous *devez* prendre ce parti de préférence, mais je ne pense nullement qu'il *soit* de vos intérêts de temporiser.

46ᵉ LEÇON. — Sparte était sobre avant que Socrate *eût loué* la sobriété; avant qu'il *eût loué* la vertu, la Grèce abondait en hommes vertueux.

On craignait alors qu'il ne *survécût* pas à ses blessures.

Je ne croirai pas qu'il *eût raison* lorsqu'il soutenait que......

Comme il était poli avec tout le monde, il aimait qu'on le *fût* à son égard.

J'étais si loin de croire que cette affaire *valût* la peine d'être suivie, que je ne pensais pas que personne *voulût* l'entreprendre.

Trajan avait pour maxime qu'il fallait que ses concitoyens le *trouvassent* tel qu'il eût voulu trouver l'empereur, s'il eût été simple citoyen.

Quelques honneurs qu'il *ait obtenus*, il est constamment resté le même.

Quoique vous *vissiez* cette famille, que vous *vécussiez* dans une certaine intimité avec elle, vous étiez loin de soupçonner qu'elle *eût* de semblables *arrière-pensées*.

Il y a peu de rois qui *sachent* chercher la vraie gloire.

Bien qu'on lui *montrât* la nécessité de travailler, qu'on lui *fît* voir que sa fortune exigeait qu'il *s'instruisît*, il n'était ni plus actif ni plus appliqué.

Je ne présume pas que ce jeune homme *vît* ni qu'il *fréquentât* de *telles* gens, s'il n'avait rien à démêler avec eux.

508. — Je n'assurerai pas que votre ami se *trouvât* parmi ces jeunes gens, mais je crus entendre sa voix.

Il est à craindre qu'il n'*accepte* pas cette offre, si vous paraissez le presser.

Encore que les rois de Thèbes *fussent* les plus puissants de tous les rois de l'Egypte, jamais ils n'entreprirent sur les dynasties voisines.

509. — Le procès de votre frère a dû se terminer hier, je souhaite qu'il *l'ait gagné*.

Je doute qu'il *fît* de telles propositions, si quelques raisons cachées ne l'y poussaient.

47ᵉ LEÇON. — Si les hommes étaient sages, et qu'ils *suivissent* les lumières de la raison, ils s'épargneraient bien des chagrins.

J'avais à craindre que ces messieurs ne *fissent* des démarches qui *nuisissent* à vos intérêts, et que tout ne *devînt* plus difficile encore : comme vous, je désirerais que les choses *allassent* lentement, et qu'elles *parvinssent* en quelque sorte à leur maturité.

Nous lui donnâmes ces informations, afin qu'il *prît* des mesures qui se *conciliassent* tout à la fois avec ses intérêts et avec ses devoirs.

Pensez-vous qu'il *fût* chez lui quand nous nous y présentâmes?

C'est un homme qui affecte de prendre vos intérêts, afin que vous les lui *confiiez* absolument.

Les Romains ne voulaient point de batailles hasardées mal à propos, ni de victoires qui *coûtassent* trop de sang.

La fermeté de son caractère me faisait douter qu'il se *conformât* à une telle injonction, à quelque moyen qu'on *recourût* du reste.

Les cabanes des premiers hommes ne prouvent pas qu'ils *manquassent* de goût; elles témoignent seulement qu'ils manquaient des règles de l'architecture.

Cet homme, tout petit qu'il était, avait une force extraordinaire; les fardeaux ne semblaient pas le charger, quelque pesants qu'ils fussent.

Il n'y a rien qui *fasse* du bien, qui *rafraîchisse* le sang, comme une bonne action.

A moins qu'il n'en *reçût* l'ordre formel, à moins qu'on ne le lui *enjoignît*, il ne recourait jamais à de tels moyens.

C'était pour nous un affligeant spectacle de voir périr ces malheureux, sans qu'il nous *fût* possible de leur porter des secours.

510. — Nous avons eu sa visite, il est vrai, mais je ne crois pas qu'il *fût venu* nous voir, s'il n'avait eu quelque chose à nous demander.

48e **LEÇON.** — Je voudrais qu'on *choisît* tellement les sociétés d'un jeune homme, qu'il *pensât* bien de ceux qui vivent avec lui, et qu'on lui *apprît* à si bien connaître le monde, qu'il *pensât* mal de tout ce qui s'y fait de répréhensible. Il faut qu'il *sache* que l'homme est naturellement bon, qu'il le *sente*, qu'il *juge* de son prochain par lui-même; il importerait encore qu'il *vît* comment certaine société déprave et pervertit les hommes.

517. — La religion est toujours le meilleur garant qu'on *puisse* avoir des mœurs d'un homme.

Je savais qu'il *était* absent, et j'attendis. Si je savais qu'il *fût* absent, je différerais ce petit voyage.

Je ne saurais croire qu'il *puisse* y avoir une véritable amitié entre des personnes qui ne sont pas vertueuses.

Il n'y a point d'homme, quelque mérite qu'il *ait*, qui ne *fût* très-mortifié, s'il savait tout ce qu'on pense de lui.

Il faudra, mon cher ami, que vous *soyez* circonspect, que vous vous *absteniez* de parler de votre projet, de crainte que quelqu'un n'*aille* au-devant, et que vous ne vous *trouviez* trompé dans votre attente. Dernièrement il vous a plu de découvrir vos résolutions à tout le monde, quand il devenait nécessaire, non-seulement que vous vous *abstinssiez* d'en parler, mais encore que vous *montrassiez* une sorte d'indifférence pour cette affaire : il serait étonnant que vos concurrents ne *missent* tout leur zèle à vous nuire, et qu'ils ne *parvinssent* à vous enlever tous les avantages que vous vous promettez.

L'homme, pour qui tout renaît, serait-il le seul qui *mourût* pour ne jamais revivre?

Sa force était telle qu'il ne trouvait rien qu'il ne *mût*, rien qu'il ne *transportât* d'un lieu à un autre.

Nous lui avons donné ces informations, afin qu'il en *parle* à son avocat avant que son procès se *juge*.

49ᵉ LEÇON. — La religion nous élève au-dessus de nos passions, et c'est le plus haut degré de gloire où l'homme *puisse* ici-bas atteindre.

Nous avions ignoré jusqu'à ce jour qu'il *eût contracté* l'engagement qui l'a ruiné, et qu'il se *fût jeté* dans des spéculations aussi incertaines.

Votre père se plaint avec raison que pendant les deux derniers mois vous n'*ayez fait* presque aucuns progrès dans votre musique.

517. — Non-seulement ils demandaient un homme qui *prît* sur lui toutes les chances; mais encore ils auraient voulu établir des conditions telles, qu'en cas de réussite il ne *restât* rien à celui qui aurait tout fait pour que le résultat *fût* avantageux; aussi ne se présenta-t-il personne qui *voulût* de leurs offres.

L'étude contribue à faire aimer la vertu; c'est la plus grande consolation qu'on *puisse* avoir dans la vieillesse.

Je ne crois pas qu'il *entreprenne* cette affaire si votre père ne l'aide.

Je suis si loin d'approuver votre vivacité, que je trouve, au contraire, fort mal que, dans votre dernière discussion, vous *aycz froissé* ainsi l'amour-propre de votre adversaire.

Sans cette circonstance imprévue, et qu'ils n'attendaient pas eux-mêmes, pensez-vous qu'ils *eussent réussi* si complétement? n'est-il pas plus probable qu'ils *eussent échoué?*

Si ignorants qu'ils *soient*, ces campagnards savent telle chose que tel savant ignore.

Vous lui demandez un service, mais je doute qu'il *veuille* et même qu'il *puisse* vous le rendre.

517. — Voilà les seules ressources que j'*aie*, les seules choses dont je *puisse* disposer.

Qu'il le *voulût* ou qu'il s'y *refusât* cela nous importait peu.

Je ne saurais comprendre qu'il *ait* des prétentions si élevées.

50ᵉ **LEÇON**. — 519-521. — A en juger à la vanité de cet homme, il semble qu'il *soit* d'une autre nature que les autres. — Vous semble-t-il que ce jeune homme *ait* les dispositions nécessaires pour l'état auquel on le destine? — Il nous a semblé que, dans le récit qu'on nous a fait, on s'*était* éloigné de la vérité. — S'il vous semblait que mon style *fût* incorrect ou obscur, soyez assez *obligeant* pour l'indiquer en marge de mon manuscrit.

Ses distractions sont telles que je doute qu'il vous *suivît*, qu'il vous *écoutât*, bien qu'il eût de puissantes raisons pour être attentif.

Epaminondas, ayant été blessé à la bataille de Mantinée, ne permit pas qu'on *arrachât* le fer de sa blessure avant qu'il *eût reçu* des nouvelles de la victoire.

A en juger à son air triste, je ne pense pas qu'il *ait réussi* dans les démarches qu'il a faites.

Il n'a pu tromper personne, quelque rusé qu'il *soit*.

Tout pesant qu'il *paraît*, il ne laisse pas que de raisonner fort juste.

Rome, toujours ferme dans ses principes, avait fermé l'oreille à ces plaintes, toutes justes qu'elles *étaient*.

Soit qu'ils le *prissent* par douceur, soit qu'ils le *mena-*

çussent, qu'ils le *reçussent* froidement ou qu'ils *vinssent* au-devant de ses désirs, les parents de cet enfant ne gagnaient rien sur son caractère.

Il est aussi difficile de trouver un homme vain qui se *croie* assez heureux, qu'un homme modeste qui se *croie* trop malheureux.

Il y avait peu de personnes qui *sussent* ce qui s'était passé.

525. — On lui a fait cette concession, afin qu'il se *montre* moins difficile dans les arrangements qui doivent avoir lieu.

51e **LEÇON.** — Le général, informé de la marche de l'armée ennemie, la surprend de grand matin, et avant qu'elle *puisse* se ranger en bataille.

Je doute qu'ils *eussent réussi* aussi complétement, si vous ne les eussiez protégés.

525. — Il a agi de cette manière, afin que vous *croyiez* qu'il vous donne la préférence, et que vous *concluiez* plus promptement ce marché; mais je désirerais qu'auparavant vous *sussiez* de votre oncle ce qu'il en pense, et qu'ensuite vous me *donnassiez* avis de son opinion. Ne conviendrait-il pas encore que vous en *dissiez* quelques mots à votre frère, et que vous *tinssiez* compte de tous ces renseignements.

516. — Soyez sincère et loyal, et de telle sorte que vos parents *puissent* se glorifier de vous avoir pour fils.

516. — C'est un homme sincère, loyal, et de telle sorte qu'on *peut* se glorifier de l'avoir pour ami.

C'est le livre le plus intéressant que j'*aie* jamais lu.

Ne pensez-vous pas qu'il *ait reçu* cette lettre hier?

Il convenait alors que vous *requississiez* les autorités locales, et que des perquisitions *eussent* lieu. Vous avez craint, dites-vous, que bien des familles ne se *plaignissent* d'être ainsi *soupçonnées*, et que des désagréments ne *s'ensuivissent*; mais toutes ces considérations s'effacent devant celles qui voulaient que vous *soutinssiez*, que vous *protégeassiez* les intérêts qui vous sont confiés. Nous voulons, vous ont répété ces messieurs, quelqu'un qui *veuille* nous servir avec dévouement ; nous voulons quelqu'un qui ne *voie* point les intérêts des autres, quand la justice exige que, les nôtres ne soient point froissés. C'est ce qui fit que *quoi que* vous *dissiez*, *quoi que* vous *fissiez*, et quelque conduite que vous *tinssiez* ensuite, ils ne purent croire que vous *fussiez* l'homme à qui il convenait qu'ils *donnassent* des pouvoirs étendus, dans la crainte, non pas que vous en *abusassiez*, mais que vous ne *fussiez* assez ferme, si le cas arrivait qu'il *fallût* montrer de l'énergie.

52ᵉ LEÇON. — On appelle assiette d'un navire la meilleure situation où *puisse* être un bâtiment sous voile pour bien naviguer.

521. — Il vous semble qu'il *a* raison. — Vous semble-t-il que j'*aie* tort ?

Je doute que seul il *meuve* un tel fardeau.

Pour que je *prisse* plaisir à vos louanges, disait l'empereur Julien à des courtisans qui vantaient sa justice, il faudrait que vous *osassiez* dire le contraire s'il était vrai.

Les plaisirs ne sont pas assez solides pour qu'on les *approfondisse*.

C'est le plus honnête homme que je *connaisse*.

Je les ai repris sur ce point, afin qu'ils *soient* plus attentifs à l'avenir.

Il n'y a point d'erreurs qui, si elles étaient rendues clairement, ne *tombassent* et ne *périssent* d'elles-mêmes.

Que l'on *parlât* avec douceur à cet enfant, ou qu'on le *tînt* à la rigueur, on ne gagnait rien sur lui, et *quoi qu'*on lui *dît* et que l'on *fît* du reste pour le stimuler : pour peu que ses parents me *témoignassent* le désir de l'avoir près d'eux, je le leur rendrais volontiers.

Pensez-vous donc que je *veuille* vous tromper ?

Comme il n'avait point d'amis, il ne trouva personne sur qui il *pût* compter, ni dont il *eût* lieu d'espérer quelques secours.

547. — Le plus grand plaisir que *puisse* procurer la fortune, le plus noble usage qu'on *puisse* en faire, c'est de secourir les malheureux.

Il faut que vous le *priiez* de vous accompagner.

Ne dites rien qui *puisse* attrister ceux qui vous écoutent.

Dieu a entouré les yeux de tuniques fort minces afin que l'on *puisse* voir à travers.

Il était essentiel qu'on *pourvût* à ces besoins.

Ce moyen a trop heureusement influé sur ma santé pour que je *veuille* en adopter un autre.

53e **LEÇON.** — 513. — Tout riche que vous *êtes*, vous serez mécontent de vous-même, si telle personne, qui vous semble au-dessous de vous, vous surpasse en mérite.

Je désire qu'il *acquière* cette propriété.

Nous visitâmes son immense jardin parsemé d'arbres de mille espèces; ce n'était plus ici ce vilain avare qui, craignant que nous ne *cueillissions* des fruits, empêchait que nous ne nous *approchassions* des arbres.

Nous lui avons écrit, afin qu'il nous *fasse* savoir comment il entend régler ce différend.

Croyez-vous qu'un honnête homme n'*est* pas plus estimable qu'un fourbe et un fripon?

Il semble, quand nous sommes heureux, que le temps *fuie* avec précipitation, et qu'il *prenne* plaisir à s'arrêter lorsque nous avons des peines.

Il importe que vous *employiez* votre temps.

Des apparences trompeuses n'ont pas empêché qu'il ne *prévît* le dénoûment.

Nous ne pourrions vous assurer qu'il *soit* chez lui, mais nous le présumons.

Il conviendrait, mon cher fils, que vous *prissiez* mieux vos mesures, et que vous *missiez* plus d'ordre dans vos affaires. Dans votre dernière entreprise, par exemple, il était à craindre qu'il ne *survînt* des accidents qui en *dérangeassent* la marche, en compromettant votre fortune; cependant vous n'avez pris nulle précaution qui vous en *garantisse*, ou qui vous *assure* du succès; pour peu que vous *prévissiez* où cette légèreté peut vous entraîner, vous vous en corrigeriez.

Les plaisirs innocents sont les seuls qui ne *soient* pas suivis de quelque amertume.

Croyez-vous que ma lettre lui *parvienne* si je la lui adresse par cette voie? Ne pensez-vous pas qu'elle lui *parvînt* plus sûrement si je la mettais à la poste?

54ᵉ **LEÇON.** — Connaissez-vous quelqu'un qui *ait* besoin de ces marchandises, et qui *veuille* les acheter?

Je doute qu'il *accepte* cette proposition, s'il n'y voit de grands avantages pour lui. — Je ne crois pas qu'il *acceptât* cette offre, s'il ne devait lui en revenir du bénéfice.

S'il est vrai qu'on ne *puisse* anéantir le vice, la science de ceux qui gouvernent est de le faire tourner au bien public.

Dieu a permis que des irruptions de barbares *renversassent* l'empire romain, qui s'était agrandi par toutes sortes d'injustices.

Je ne *sache* pas qu'à cette réunion où j'assistais aussi, ce jeune homme *ait tenu* les propos qu'on lui attribue, ni qu'il *ait dit* rien de déplacé sur le compte de vos amis; je souhaite même que vous *preniez* des informations qui *puissent* vous faire connaître la vérité.

Lorsqu'un bon esprit ne voit pas qu'une pensée *puisse* être utile, il y a lieu de craindre qu'elle ne *soit* fausse.

C'est le seul homme que je *connaisse* capable de vous servir.

La religion est toujours le meilleur garant que l'on *puisse* avoir des mœurs des hommes.

Vous nous avez trop obligés pour que nous l'*oubliions* jamais.

Il semble que, pour humilier ceux qui cultivent les sciences, Dieu *ait permis* que les plus belles découvertes *fussent faites* par le hasard, et souvent par ceux qui devaient moins les faire.

Cyrus disait qu'on n'*est* pas digne de commander, à

moins qu'on ne *soit* meilleur que ceux à qui on commande (1).

CHAPITRE XI.

*Exercices sur l'emploi de l'*INFINITIF *et sur le* PARTICIPE PRÉSENT.

(Voir dans la *Grammaire* les principes du n° 528 au n° 556.)

55ᵉ LEÇON. — 528. On appelle voie lactée une large bande d'une couleur blanchâtre qui se déroule autour du firmament comme une ceinture ; elle est formée d'un nombre infini de petites étoiles, trop éloignées de nous pour *que nous puissions* les voir séparément.

532. — La mer mugissant *ou* mugissante (2) ressemblait à une personne qui, ayant été trop longtemps irritée, n'a plus qu'un reste de trouble.

528. — Quoiqu'il fût sans instruction, ce père de famille envoyait tous ses fils au collége, pour *qu'ils apprissent* leur langue, et afin *qu'ils fussent* un jour aptes à des fonctions honorables.

Nous trouvâmes vos enfants *brillants* de santé, jouant, dansant et s'amusant avec leurs camarades.

Dans leur chasse au lion, les Arabes prennent quelquefois des lionceaux *vivants*.

---

(1) Cette phrase est ainsi faite dans les Exercices :
Cyrus disait qu'on n'*était* pas digne de commander, à moins qu'on ne *être* meilleur que ceux à qui on *commandait*.

Mais comme il est question d'une vérité de tous les temps, au lieu des imparfaits *était* et *commandait*, qui ne peuvent exprimer que des actions transitoires, il a fallu les remplacer, comme nous l'avons fait, par le *présent* de l'indicatif.

(2) Dans cette phrase on peut dire la mer *mugissant*, alors on peint l'action ; ou bien la mer *mugissante*, alors on peint l'état instantané de la mer : *mugissant* nous paraît plus grammatical, *mugissante* semble mieux convenir à la poésie ; et c'est ici le cas d'en faire usage.

552. — Toutes les planètes, *circulant* autour du soleil, paraissent avoir été mises en mouvement par une impulsion commune.

> Figure-toi Pyrrhus, les yeux *éteincelants*,
> Entrant à la lueur de nos palais *brûlants*.

On appelle beau ce qui frappe nos yeux d'une façon assez agréable pour *nous en faire désirer* ou *pour que nous en désirions la durée*.

Les Juifs apprirent la langue chaldaïque, fort *approchante* de la leur.

Calypso aperçut un gouvernail, un mât, des cordages *flottants* ou *flottant* sur les ondes.

> L'étalon généreux a le port plein de grâce,
> Sur ses jarrets *pliants* se balance avec grâce.

Les plus beaux dons que le ciel *ait départis* à l'homme, c'est de faire du bien à ses semblables, et de les prémunir contre l'erreur (1).

Il y a dans la langue française une foule de mots fort *approchants* de termes latins.

56e LEÇON. — Les principes religieux, occupant ou exaltant l'imagination et élevant l'âme, préservent de l'abattement ; ils sont encore plus que *suffisants* pour remplacer les affections que la religion réprouve.

Ces moyens sont trop lents pour *être employés*, ou *pour qu'on les emploie* dans une circonstance qui exige tant de promptitude.

Les eaux *courant* vers la mer vont s'y perdre pour en ressortir en vapeurs. Les fleuves et les rivières sont des assemblages d'eaux *courantes*.

Les hommes *pesants* sont les plus opiniâtres.

---

(1) On ne distingue pas assez clairement l'être agissant dans les infinitifs *faire* et *prémunir*. Pour faire disparaître cette obscurité, dites : Celui qui a les moyens de faire du bien à ses semblables et de les prémunir contre l'erreur, a reçu du ciel les deux plus beaux dons qui aient été départis à l'homme.

Quelquefois on soutient des revers *éclatants;* mais le courage s'affaisse sous le mépris de ceux mêmes que l'on méprise.

Notre loi ne juge personne sans l'avoir entendu, et sans avoir examiné ses actions (1).

Les dieux ont pitié des misères qui accablent les hommes *vivant* dans le monde.

On nous peint les castors *vivant* en société et dans un ordre parfait.

Entrez, nous cria-t-il, entrez, mon antichambre n'est pas faite pour *qu'on s'ennuie* à attendre.

Le danger de faire des ingrats ne peut se comparer à l'horreur de laisser l'innocence et la vertu *gémissantes.*

> Songe aux cris des vainqueurs, songe aux cris des *mourants,*
> Dans la flamme étouffés, sous le fer *expirants.*

La raison *nous* permet d'être *flattés* des honneurs, mais *non de* les exiger ni de les attendre.

Les inégalités du caractère influent sur l'esprit : les hommes sont *pénétrants* on *pesants,* selon leur humeur.

57e LEÇON. — Certains auteurs demandent à être lus en entier pour *être appréciés ; jugés, seulement sur* certains de leurs ouvrages, ils pourraient paraître ne pas avoir grand mérite.

Plusieurs témoins ont révélé des faits *accablants* pour l'accusé. — Ces faits *accablant* l'accusé, il a demandé à faire des aveux.

Ce qui nous rend si *changeants* dans nos amitiés, c'est qu'il est difficile de connaître les qualités de l'âme, et facile de connaître celles de l'esprit.

---

(1) A la rigueur, cette phrase peut rester comme elle se trouve dans les Exercices, parce que *la loi* est ici personnifiée dès le commencement de la phrase, puisqu'on dit : *Notre loi ne* JUGE.

D'un autre côté, bien qu'on dise : *Ce ne sont pas les magistrats, mais c'est la loi qui* JUGE, qui PRONONCE, on ne peut guère dire de la oi qu'elle *entend,* qu'elle *examine.* Or, il serait plus régulier de rendre ainsi cette phrase : Notre loi ne juge personne sans qu'il ait été entendu, et qu'on ait examiné ses actions.

La gaieté, plus proportionnée à notre faiblesse que la joie, nous rend hardis et *confiants*.

Le temps est comme l'argent ; en n'en perdant pas, *on* en a presque toujours assez.

Votre place vous assujettit à des devoirs *gênants*. — Ses devoirs *gênant* trop ses plaisirs, il s'en affranchit peu à peu.

Si des beaux jours *naissants* on chérit les prémices,
Les beaux jours expirants ont aussi leurs délices.

Les orages de la jeunesse sont environnés de jours *brillants*.

Il n'y a point de mots exactement synonymes, mais beaucoup d'*approchants*.

Les hommes de génie se *survivant* à eux-mêmes, et *agissant* toujours par leurs écrits, pressent leur immortalité, et jouissent d'avance de tout le bien qu'ils doivent faire dans l'avenir.

Ces cœurs *souffrants* s'affectent de mille nuances que le bonheur ni la force n'apercevaient pas.

Combien l'histoire n'offre-t-elle pas de tableaux *déchirants*, même dans les plus beaux jours d'Athènes et de Rome ?

CHAPITRE XII.

Exercices sur le PARTICIPE PASSÉ.

(Voir dans la *Grammaire* les principes du n° 557 au n° 575.)

58e **LEÇON.** — 551. — Les auteurs qui ont écrit sur les Gaules nous représentent cette contrée, comme toutes celles qui sortent des mains de la nature, couverte de forêts, *imbibée* d'eaux stagnantes, *traversée* par des rivières *embarrassées* de rocs tombés dans leur lit et d'arbres *arrachés* à leurs rives, *sillonnée* par des torrents et des ravins profonds, *refroidie* par d'épais

3.

brouillards, et *parsemée* de loin en loin de cabanes mê-
lées aux repaires des bêtes féroces.

549. — Nous avons éprouvé des revers qui nous ont
ruinés.

Attendries sur le sort de ces malheureux, ces dames
les ont *secourus* et *protégés.*

549. — Les nouvelles que nous avons *reçues* nous
ont *informés* des événements récemment *survenus* dans
cette contrée.

549. — Les empires ne peuvent se soutenir que par
l'équité des mêmes lois qui les ont *formés;* si l'injustice
a détrôné des souverains, elle n'a jamais affermi les trônes. Les ministres qui ont outré la puissance des rois
l'ont toujours *affaiblie;* ils n'ont élevé leurs maîtres que
sur la ruine de leurs états.

550. — La diligence a été *arrêtée,* et tous les voyageurs ont été *dévalisés.*

Les fruits qui m'ont été *envoyés* me sont *parvenus*
parfaitement sains et bien *conservés.*

Nous avons revu avec bien du plaisir des amis dont
nous avions été *séparés* il y a déjà longtemps.

Heureux ceux qu'une bonne éducation a *éclairés,* que
le travail a *soutenus,* et qu'une longue habitude du bien
a assez *affermis* pour qu'ils résistent à l'empire des passions.

Je ne saurais vous dire toutes les beautés qui m'ont
frappé dans ce voyage, tous les agréments que j'ai *eus.*

Romulus et Rémus furent, dit-on, *allaités* par une
louve.

Les problèmes qu'on leur a *posés,* ils les ont *résolus.*

59e LEÇON. — Les anciens punissaient sévèrement
ceux qui avaient violé ou *révélé* les mystères.

Ces travaux eussent été *terminés* plus tôt sans les
contre-temps qui sont *survenus.*

Ils se sont adressé la parole sans que nous ayons entendu ce qu'ils se sont dit.

Ces jeunes gens se sont *adressés* à votre père et se
sont *dits* les fils de votre ami.

Les hommes n'ont guère réussi que dans les petites

choses. La nature s'est réservé le secret des grandes, et ne souffre pas que ses lois soient *anéanties* par les nôtres.

L'expertise à laquelle ils ont procédé s'éloignait de la vôtre; mais, après un examen plus approfondi, ils s'en sont *rapprochés.*

Rebutés par tant d'efforts inutiles, les ennemis se sont *retirés*, bien *convaincus* que la place ne serait point *emportée.*

Après avoir si longtemps demandé de leurs nouvelles, j'en ai enfin reçu.

Dieu se moque de ceux qui veulent porter leur esprit au delà des bornes qu'il leur a *prescrites.*

La langue qu'ont *écrite* Cicéron et Virgile était déjà fort *changée* du temps de Quintilien.

La plupart des hommes désirent plus d'être *admirés* que d'être *aimés.*

Si ces savants se sont *contredits* sur divers points, ils ont été de la même opinion sur d'autres.

Il y a plus de cinq *cents* ans que furent *construits* les monuments que vous vîtes hier.

Il n'y a guère de gens qui ne soient honteux de s'être *aimés* après que leur amitié a cessé.

Vos parents nous ont raconté tout ce qu'ils ont fait pour rapprocher deux de leurs amis qu'un malentendu avait *divisés.*

Les objets que l'on croyait *perdus* sont *retrouvés.*

En nous cachant le moment de notre mort, Dieu nous a *obligés* d'avoir attention à tous les moments de notre vie.

Ces maisons se sont *vendues* bon marché.

Ces peuples, autrefois *craints* et *respectés*, ont perdu toute leur importance politique.

60e **LEÇON.** — Tous les efforts que j'avais *faits* jusqu'alors pour vaincre les difficultés qui s'étaient *présentées* étaient *devenus* inutiles; mais ensuite elles ont cédé autant à la régularité que j'ai *apportée* à mes études qu'à l'opiniâtreté avec laquelle je les ai *attaquées* de nouveau.

De tous les spectacles que l'industrie de l'homme a

donnés au monde, il n'en est peut-être pas de plus admirable que la navigation.

543. — Ces malheureux sont enfin *sortis* de la misère affreuse où ils étaient *tombés*.

Nous devons ces avantages au zèle que nos amis ont apporté à nous servir, aux démarches qu'ils ont *faites* et aux peines qu'ils se sont *données*.

542. — Les six mois qu'il a demeuré dans cette ville l'ont mis à même d'y faire des connaissances.

C'est à force de politesse que la langue française est *parvenue* à faire disparaître les traces de son ancienne barbarie : une foule de lettres qu'on a *retranchées* dans la prononciation, mais qu'on a *conservées* en écrivant, sont nos anciens habits de sauvages. C'est quand nos mœurs se sont *adoucies*, que la langue aussi est *devenue* plus douce ; avant François premier, elle était agreste comme nous.

La campagne a été *ravagée* par les deux orages qui ont éclaté ces jours derniers.

Les progrès que vous avez *faits*, mon cher fils, vous ont mérité l'intérêt de tous ceux qui vous ont vu dans votre enfance ; vos sœurs ne se sont pas moins *distinguées* que vous : aussi, votre mère et moi, en avons-nous éprouvé une véritable joie.

Alexandre a subjugué toutes les nations auxquelles il a fait la guerre, et gagné toutes les batailles qu'il a *livrées*.

Des trois lettres qu'il dit-nous avoir *adressées*, la dernière seulement nous est *parvenue*.

Cette expérience a confirmé les inductions que l'on avait *tirées* de ce phénomène.

J'ai vu des mortels fort au-dessous de nous, j'en ai vu de (552) fort supérieurs ; mais je n'en ai vu aucun qui n'eût plus de désirs que de vrais besoins.

Que de peines n'est-il pas survenu à ces dames ! à combien de malheurs n'ont-elles pas été *exposées* ! que de revers n'ont-elles pas *éprouvés* !

61ᵉ LEÇON. — Charles XII échoua dans ses grands

projets, non qu'ils eussent été bien *conçus*, mais parce qu'ils furent mal *conduits*.

Quoiqu'elles fussent *parties* avant moi, je les ai *atteintes* avant qu'elles *arrivassent*.

L'amitié qui a existé entre eux ne s'est jamais *démentie*. Que de services ne se sont-ils pas *rendus !*

La gloire des grands a toujours été *contestée, combattue;* les peuples en ont souffert, et cependant ils l'ont toujours *respectée*.

Quoiqu'ils eussent été grièvement *blessés*, ils n'ont succombé ni l'un ni l'autre.

Les hommes sont souvent *punis* par où ils ont méchamment péché.

Bien qu'ils se fussent d'abord *montrés* fort difficiles, à la fin cependant, ils ont consenti à toutes nos propositions, une seule *exceptée*.

Jusqu'alors, nous nous étions *opposés* à tout empiétement de leur part, et les avions *maintenus* dans les limites de leurs attributions; mais depuis que nous avons cessé de faire partie du conseil, les choses ont bien changé.

Dans un temps, les Asiatiques se sont fait une espèce d'art de l'éducation de l'éléphant, et l'ont instruit selon leurs mœurs.

Sa fraîcheur a d'abord disparu, puis ses forces ont insensiblement diminué.

Combien d'auteurs se sont creusé le cerveau pour ne faire que des pièces qui ont été *sifflées* ou qui n'ont que médiocrement réussi.

Il est sorti des Gaules, en différents temps, des armées de cent et même de deux cent mille hommes. Les unes ont formé des colonies permanentes, les autres ont disparu comme des torrents qui se perdent dans les précipices qu'ils se sont *creusés*.

62e **LEÇON.** — Quelles sommes innombrables n'ont point coûté les édifices bâtis par Louis XIV ?

Nous ne nous sommes jamais *repentis* de nous en être *rapportés* à sa bonne foi.

Cette affaire s'est *terminée* plus promptement que

nous ne nous y étions *attendus*, et plus avantageusement pour nous que nous n'aurions osé l'espérer.

Homère est un des plus grands génies qui aient existé (1).

S'ils se fussent mieux *entendus*, ils y auraient gagné l'un et l'autre.

Vos marchandises nous auraient convenu, si vous nous les eussiez *offertes* il y a quelques jours.

Si nous repassons sur les siècles qui nous ont *précédés*, nous verrons que la prospérité des impies n'a jamais passé à leurs descendants, et que les trônes eux-mêmes ont manqué sous des princes *dissolus* et *efféminés*.

Après avoir erré plusieurs heures dans la forêt, nous en sommes enfin *sortis*, mais *fatigués, harassés*.

Tous les conquérants ont fait des lois, les philosophes aussi en ont fait (552), et ces derniers se sont souvent *montrés* plus sages que les premiers.

Si la voix de ce savant s'est éteinte, ses écrits nous sont *demeurés*.

Il est survenu des événements qui ont nui à vos intérêts présents, et détruit toutes nos espérances.

Après un certain temps, les planètes et les astres reviennent au même point d'où ils sont *partis*.

Les derniers froids qu'il a fait ont détruit l'espoir des vignerons.

Les arts se sont *perfectionnés*, parce que les artistes, de quelque pays qu'ils aient été, dans quelque siècle qu'ils aient vécu, ont tous eu le même objet.

La concurrence qu'il y a eu entre ceux qui se sont *occupés* de ce genre d'affaires a tourné au profit des consommateurs.

Ces objets nous ayant convenu, nous en avons acheté.

63e **LEÇON.** — Pour l'ordinaire, on se persuade mieux par les raisons qu'on a *trouvées* soi-même que par celles qui sont venues dans l'esprit des autres.

---

(1) On peut dire aussi *qui ont existé*. (Voir, dans la *Grammaire*, la note du n° 517.)

Les mauvais temps ont influé sur leur santé; mais depuis que nous avons atteint les beaux jours, elle s'est *améliorée* sensiblement.

Au premier aspect, ces articles nous avaient paru plus beaux et mieux *confectionnés* que nous ne les avons *trouvés* après un examen plus sérieux.

Il y a peut-être plus d'hommes qui ont manqué aux occasions qu'il n'y en a à qui les occasions ont manqué.

Les ennemis s'étaient d'abord *approchés* de nos avant-postes, mais bientôt ils se sont *retirés*.

Cette occasion m'ayant paru favorable, je ne l'ai pas *laissée* échapper; peut-être nous donnera-t-elle les moyens de réparer les pertes que nous a *causées* notre première spéculation.

Il n'est que trop vrai qu'il y a eu des anthropophages, nous en avons trouvé en Amérique.

559. — Le peu d'eau que vous avez *donnée* à ces arbustes les a *ranimés*, les a *vivifiés*.

Combien d'événements n'est-il pas survenu dans le cours de vingt-cinq ans qui se sont *écoulés* depuis le commencement de la révolution française!

Ils s'étaient d'abord *récriés* contre cette mesure; mais après l'avoir mieux *appréciée*, ils se sont *tus*.

La seule objection qu'on leur a *ou* qu'on leur ait opposée (1), c'est qu'ils n'ont pas exécuté fidèlement les conditions de leur contrat.

Jusqu'ici nous nous étions imaginé qu'on nous avait *protégés*; au contraire, on nous a *desservis*.

Nous avons presque oublié les noms des premiers conquérants qui jetèrent dans les Gaules les premiers fondements de la monarchie française; ils sont plus connus par les fables que par les histoires; ils sont *demeurés* comme *ensevelis* dans les fondements de l'empire qu'ils ont élevé.

64e LEÇON.—Les remarques savantes de cet auteur n'ont pas peu contribué aux développements que cette

(1) Voir dans la *Grammaire* la note du n° 517.

science a *reçus*, aux progrès qu'elle a *faits*; il a laissé de beaucoup en arrière tous ceux qui ont écrit sur cette matière : ceux qui lui ont succédé n'ont eu qu'à suivre la marche qu'il leur a *ouverte*, la route nouvelle qu'il leur a *tracée*.

Tels hommes ont passé une longue vie à se défendre des uns et à nuire aux autres ; ils sont *morts consumés* de vieillesse, après avoir causé autant de maux qu'ils en avaient souffert.

Nous nous sommes *abstenus* de répondre à une telle provocation, nous trouvant assez *vengés* par l'humiliation qu'a fait retomber sur eux le récit de faits *accablants* que nous leur avons *reprochés*.

On les avait d'abord *crus* coupables, mais l'air calme avec lequel ils se sont *présentés* devant les magistrats, annonçait assez qu'ils étaient étrangers à l'inculpation grave qui avait momentanément pesé sur eux. Les réponses qu'ils ont *données*, les circonstances qu'ils ont *citées*, ont clairement établi leur innocence.

Heureux ceux qui sont *nés* modestes, et que la nature a *remplis* d'une noble et sage confiance.

Les états sont malheureux d'être *gouvernés* par des esprits bornés qui n'ont que des demi-vues, ou par des hommes timides qui ne prennent que des demi-partis.

Les faits dont on s'est emparé pour justifier cette mesure de rigueur semblent avoir été *préparés* à dessein.

Les malheurs dont elles ont été *frappées* nous les ont *rendues* plus chères et plus intéressantes.

65ᵉ **LEÇON**. — La crainte de faire des ingrats ou le déplaisir d'en avoir trouvé ne *doivent* (1) pas vous empêcher de faire du bien.

Les professeurs que nous avons *entendus* parler se sont *exprimés* avec une facilité et une puissance de raison que nous n'avions encore *rencontrées* dans aucun de

(1) Il faut le pluriel, par les raisons que nous avons développées dans la *Grammaire* aux nᵒˢ 445 et 447.

ceux qui ont occupé cette chaire avant eux ; aussi se sont-ils *vus applaudis* et *fêtés* dès leur début.

Combien d'hommes retombent dans les fautes qu'ils avaient résolu d'éviter !

L'art de régner n'a été cultivé que par ceux que la fortune en a *chargés*.

C'est un livre utile, et non une satire qu'il a *composée*.

Ils se sont partagé les biens que leur a *laissés* leur oncle, sans qu'il se soit élevé la moindre contestation entre eux.

Nous nous sommes toujours trop *souvenus* des services que vous nous avez *rendus*, pour qu'à notre tour nous ne soyons *empressés* de répondre à vos désirs.

Les diverses choses qui composent l'univers n'ont pas été *créées* par un aveugle hasard, c'est l'œuvre de la puissance qui nous a *formés* nous-mêmes.

Les livres que je croyais avoir *perdus* se sont *retrouvés*.

Combien de fois ne se sont-ils pas reproché cette légèreté ! La régularité de leur conduite actuelle ne s'étant pas *démentie* un instant, ils ont recouvré l'estime que cette première faute semblait leur avoir *ôtée*.

Les vivres ayant totalement manqué à la garnison, la ville fut *livrée*.

On ferait un gros livre des maux qu'ont *causés* les étrangers aux nations qu'ils ont *gouvernées* ; on en ferait un plus gros encore des sages établissements qu'ils y ont *faits*.

66e **LEÇON.** — Avec quel sentiment, avec quelle âme ces jeunes personnes n'ont-elles pas chanté ! Les applaudissements qui ont retenti de toute part leur ont assez dit le plaisir qu'elles avaient fait ; cependant, telle est leur modestie, que nous les avons *vues* se dérober aux éloges particuliers qu'on a voulu leur faire, aux compliments qu'on a cherché à leur adresser,

Henri VIII était un des plus grands fléaux qu'ait *éprouvés* la terre.

C'est une erreur que nous avons *rectifiée* aussitôt que nous l'avons *découverte*.

Ils ont tant souffert, ils ont été tellement *trompés*, qu'ils sont *devenus* très-*défiants*, même envers ceux à qui autrefois ils n'auraient pas craint de confier leur fortune *tout* entière.

Cette anecdote, que j'ai entendu raconter par des personnes bien recommandables du reste, ne m'a jamais paru vraisemblable; l'intimité dans laquelle ont toujours vécu ceux à qui elle se rapporte suffit à mon doute.

Le *Télémaque* est un des livres les mieux écrits que j'*aie* jamais *lus*.

Que de malheurs il est arrivé au milieu de ce désordre! que de vengeances se sont *exercées*!

Il serait à souhaiter pour bien des hommes qu'ils *ne fussent* jamais *nés*, que leurs yeux n'eussent jamais vu la clarté du soleil. Que leurs jours n'ont-ils été *tranchés* du moins dès leurs premières années! Que n'ont-ils été *livrés* en naissant au repos de la mort!

Les réclamations que je les ai *entendus* faire m'ont semblé *appuyées* sur des motifs *concluants*.

Bien que nous ayons employé tous les moyens que nous avons pu, nous n'avons pas réussi.

67ᵉ **LEÇON.** — La plupart de ces marchandises m'étant *parvenues avariées*, j'ai dû les réexpédier à la personne de qui elles m'étaient *venues*.

Nous nous étions imaginé que cette affaire serait réglée dès les premières entrevues; mais les entraves qu'y a *apportées* un des intéressés nous font prévoir des lenteurs auxquelles nous ne nous étions pas *attendus*.

Combien de projets n'a-t-il pas *faits* ou *réformés*! Combien de services n'a-t-il pas *rendus*. Autant de lois il a *faites*, autant de sources de prospérité et de bonheur il a *ouvertes*

Ce sont des enfants que nous avons *vus* naître, que nous avons vu élever, et auxquels nous a *attachés* depuis longtemps l'estime que nous avons toujours *eue* pour leurs parents.

Ces événements se sont succédé avec trop de rapidité pour que, dans les moments intermédiaires, nous ayons pu rien projeter qui ne se *trouvât* renversé les jours suivants.

L'Espérance est la seule divinité qui soit *restée* parmi les humains ; les autres nous ont *abandonnés* et sont *montées* sur l'Olympe. La Bonne-Foi, la plus grande des immortelles, nous a *délaissés* ; la Tempérance s'est *retirée* avec elle ; les Grâces ont fui loin de la terre.

Pendant les deux mois que nous avons séjourné dans cette ville, nous nous sommes *faits* des connaissances agréables.

Pourquoi vous êtes-vous écarté de la route que vous aviez commencé de suivre ?

C'est un homme qui nous a toujours rendu tous les services qu'il a pu.

La force du mal qu'on avait jusqu'ici cherché à paralyser par des moyens ordinairement efficaces, s'est *accrue* avec une effroyable rapidité.

68e LEÇON. — Cette demoiselle est moins instruite que je ne l'avais cru.

Avant Napoléon, la guerre ne se faisait pas comme nous l'avons vu faire de son temps.

Les devoirs que j'aurais désiré que vous me *fissiez*, mon cher ami, vous ne les avez pas *faits*, ils auraient pourtant beaucoup contribué à vos progrès. Vous n'avez pas même lu les ouvrages que je vous avais tant recommandé de lire. Cependant que de bontés n'ai-je pas *eues* pour vous ? Avez-vous désiré des livres, je vous en ai acheté ; m'avez-vous demandé des maîtres d'agrément, je vous en ai donné ; citez-moi une faveur que je ne vous aie *accordée*, une demande à laquelle je n'aie obtempéré. Ne croyez pas que je sois dupe des excuses que vous avez cherché à justifier, des détours que vous avez su prendre pour éviter des reproches que vous saviez avoir *mérités*. Je vois qu'il faut que vous renonciez aux mathématiques, que j'aurais tant désiré que vous *apprissiez*. Votre santé, il est vrai, a été un peu *dérangée* ; mais depuis longtemps ces indispositions ont disparu, et les prétextes que vous n'avez cessé de reproduire ne peuvent couvrir votre insouciance.

L'esprit arrange les choses que le génie a *créées*.

Ces arbres, que nous avions vu planter, que nous avions *vus* croître, ont été *déracinés* par la violence des vents qui ont soufflé depuis quelques jours.

Les sommes immenses qu'ont coûté ces travaux ont obéré l'état et épuisé la nation.

La nécessité empoisonne les maux qu'elle n'a pu guérir.

Grand Dieu! vous me les aviez *donnés*, puis vous me les avez ôtés, les biens que je possédais; hé bien! que votre nom soit *béni*.

69e LEÇON. — Les fruits que nous avons vu cueillir ne nous ont pas semblé bien mûrs.

> Non, c'est moi qui *voudrais* effacer de ma vie
> Les jours que j'ai vécu sans vous avoir servie.

Nous les avons *vus* périr malgré tous les efforts que nous avons *faits* pour les sauver.

Le vent ayant soufflé avec violence, les portes se sont *ouvertes*, et quelques carreaux se sont *cassés*.

Par son analyse, Descartes fit faire plus de progrès à la géométrie qu'elle n'en avait fait depuis que cette science était *créée*.

Bien qu'il ait fait pour eux toutes les démarches qu'il a dû et qu'il a pu, leur caractère haineux les a *poussés* à le calomnier plus tard.

Les travaux considérables qu'il a *exécutés* les années précédentes lui ont valu de grands bénéfices que d'autres travaux ont *absorbés*.

On n'a jamais lieu de regretter le temps ni les sacrifices que l'éducation a coûté.

Les liqueurs que je vous ai vu transvaser ne m'ont pas paru claires.

Lucrèce s'est donné la mort, parce qu'elle n'a pu survivre à l'affront qu'elle avait reçu de Tarquin.

Il est passé hier plusieurs courriers qui confirment ce fait, et ceux qui se sont succédé depuis ont répété les mêmes nouvelles.

On a remarqué que les plus grands ministres se sont *trouvés* dans cette classe d'hommes que la fortune avait placés plus loin du ministère. .

Les pluies qu'il a fait, les mauvais temps qu'il y a eu, ont occasionné des maladies sérieuses auxquelles ont succombé diverses personnes de nos connaissances.

. 70ᵉ **LEÇON**. — C'est une habitude qu'on a inutilement cherché à introduire dans cette contrée, l'indifférence des habitants l'a emporté sur leurs intérêts.

L'assiette de cerises qu'il a *mangée* l'a indisposé.

On est plus gêné avec ceux qu'on a *cessé* d'aimer qu'avec ceux qu'on n'a jamais *vus*.

Adam et Ève, que Dieu avait *créés* innocents, se rendirent coupables pour s'être *laissés* aller aux promesses du démon.

Les deux marchés que vous m'avez conseillé de faire m'ont été avantageux ; sans vous, ces avantages m'eussent échappé.

Toutes les sommes qu'il a *dues*, il les a *payées;* mais celles qu'il avait pensé recevoir lui-même ne lui ont pas été *comptées*.

Racine est un des plus grands poëtes que nous ayons *eus*, et de tous le plus correct.

. Les mêmes habitudes et les mêmes goûts ont réuni ces deux élèves, et en ont fait des amis. On les a toujours *vus* s'aider dans les difficultés qu'ils ont *eues* à surmonter, dans les questions qu'on leur a *données* à résoudre. Le bon accord et la constante amitié dans laquelle ils ont constamment vécu pendant les quatre années qu'ont duré leurs études, les avait fait surnommer la couple *ou* le couple indissoluble.

Idoménée a fait de grandes fautes, mais cherchez dans les pays les mieux policés un roi qui n'en ait pas *commis* d'inexcusables.

Les cinq heures que nous avons dormi ont suffi pour nous remettre des fatigues qui nous avaient *accablés*.

...... Je sais tout ce que j'ai commis,
Et combien de devoirs en un jour j'ai *trahis*.

71ᵉ LEÇON. — Nous avons enfin repris des travaux que la nécessité nous avait *forcés* d'interrompre.

Voilà les livres que vous avez *envoyé* chercher.

Voilà la personne que vous avez *envoyée* chercher ces livres.

555 bis. — Les auteurs qui ont goûté cette mollesse heureuse des anciens l'ont *laissée* entrer dans leurs compositions.

Les jeunes gens que vous avez vu marier dernièrement, je les ai *vus* naître, je les ai *vus* grandir, je les ai vu élever ; l'estime que je n'ai cessé d'avoir pour leur père, les affections qu'ont fait naître en moi leurs excellentes qualités de cœur, me font ardemment désirer qu'ils soient heureux.

Le peu de confiance qu'on lui a *témoignée* a suffi pour lui rendre le courage.

Le peu de confiance que vous leur avez témoigné les a *découragés*.

Les troupes de Charles VII n'auraient peut-être pas empêché la prise d'Orléans, si elles ne se fussent laissé conduire par une jeune fille.

Différentes familles se sont succédé sur le trône de France.

Telles sont les réflexions que m'a *suggérées* sa conduite, et que j'ai cru *utile* (1) de vous soumettre.

555. — Son père est un courtisan qui a obtenu de la cour toutes les grâces qu'il a voulu.

Par l'éducation que vous leur avez fait donner, ces jeunes gens se sont *élevés* au-dessus de la position où leur naissance les avait fait naître, et ils s'y sont toujours *maintenus* avec honneur.

574. — Quelles sommes innombrables les édifices *élevés* par Louis XIV n'ont-ils pas coûté ! que d'embarras

---

(1) Le mot *utile* est ici adverbe, et doit conséquemment être invariable. On dirait de même : *Telles sont les raisons que j'ai jugé* BON *de vous soumettre*, et non *que j'ai jugées* BONNES *de vous soumettre*.

n'en est-il pas résulté pour ses successeurs! Quelle ca-
tastrophe n'ont-elles pas *amenée!*

72e LEÇON. — Cette affaire a tourné comme vous
l'avez prévu , comme vous l'avez annoncé.

La Providence s'est quelquefois *servie* des femmes
pour exécuter ses desseins; mais en général il semble
qu'elle les ait destinées pour des choses moins sérieuses.

L'envoi de livres que vous nous avez fait a dû vous
causer des embarras et des démarches que nous n'avions
pas *prévus.*

L'envoi des livres que je vous ai *achetés* se fera par
occasion.

La vertu timide est souvent *opprimée* , et la vertu obs-
cure est souvent *méprisée.*

Vous me parlez de la superstition des Italiens, j'en ai
beaucoup vu qui étaient philosophes.

555 bis. — Pourquoi les avez-vous *détournés* de leurs
desseins? Pourquoi ne les avez-vous pas *laissés* exécuter
leurs projets ?

Que de soins , que de peines ne lui a pas coûté l'éducation de ses enfants!

Les années que ces messieurs ont vécu dans le nord
de l'Europe leur ont révélé les agréments des climats
plus doux.

Dans les premiers temps, nos aïeux vivaient pauvres
et vertueux , et mouraient dans le champ qui les avait
vus naître.

Que de chagrins n'ont pas *eus* ces dames! que de larmes n'ont-elles pas *eues* à essuyer! S'il fut un temps où
nous les avons *vues* prospérer, il en a été un autre où
nous les avons vues bien malheureuses.

On ne regrette jamais le temps ni les peines que le
savoir a coûté.

73e LEÇON. — Le détroit de la Sicile semble nous
apprendre que cette contrée était autrefois jointe à l'A-
pulie , comme l'antiquité l'a toujours cru.

Nous avons employé tous les moyens que nous avons
pu pour désabuser votre oncle , mais il ne nous a point

écoutés ; les flatteurs qui l'ont circonvenu ont su s'attirer sa confiance par la déférence qu'ils ont affecté d'avoir pour lui ; aussi ont-ils déjà obtenu tout ce qu'ils ont demandé, toutes les faveurs qu'ils ont voulu.

La tasse de thé que j'ai *prise* ce matin a suffi pour dissiper mon indisposition.

J'ai pris ce matin une tasse du thé que vous m'avez donné.

Les circonstances dont l'expédition commandée par Néarque fut *accompagnée* fournissent des exemples *frappants* du peu de progrès que les Grecs avaient *fait* dans la science de la navigation.

Je les ai *vues,* leurs sœurs ; je les ai *rencontrées,* ces dames ; je les ai *questionnés,* ces messieurs ; mais je n'ai rien appris qui puisse justifier les soupçons dont on nous a *entretenus.*

557. — Nous avons souffert nous-mêmes des maux qu'on vous a fait endurer.

Les personnes que vous avez *vues* arriver, nous les avons vu conduire en prison.

Cassius ne cherchait dans la perte de César que la vengeance de quelques injures qu'il en avait *reçues.*

Nous prîmes un autre parti lorsque nous vîmes que la chose était plus sérieuse que nous ne l'avions pensé.

74ᵉ **LEÇON.** — Est-ce un cabriolet ou une voiture que vous avez *achetée* (1)? Est-ce une lettre de change ou un billet qu'il vous a *donné* en paiement ?

Les conditions qu'on a tâché de nous imposer nous ont révélé les motifs de cette prévenance qu'on avait affecté d'avoir pour nous.

La nature a imposé une grande peine aux peuples et aux malheureux de les avoir fait naître dans la dépendance.

Ne faites rien contre les maximes de vertu qu'ont

---

(1) Lorsque le participe est précédé de deux régimes ainsi unis par *ou,* et que cette conjonction donne l'exclusion à l'un de ces régimes, le participe s'accorde avec le dernier, comme frappant le plus l'esprit.

essayé de vous inspirer les maîtres que vous avez *eus* dans votre jeune âge.

Ce *ne sont* point les honneurs, non plus que les richesses qu'il a *désirés*.

Ces enfants sont *tombés* malades pour avoir trop joué, trop couru. — C'est une étoffe qu'on a *courue*, tant elle a été de mode.

Ces fonctionnaires ont été *destitués* pour s'être arrogé des droits en dehors de leurs attributions, et que le ministre a *considérés* comme des exactions.

Ce jeune homme sait trois langues étrangères qu'il a appris à parler chez les nationaux mêmes.

575. — Quoique je les aie toujours *obligés*, ils se sont plu à me persécuter autant qu'ils l'ont pu.

559. — Le peu d'indulgence qu'il a montré dans cette circonstance lui a attiré la haine des personnes mêmes de qui il était estimé ; son frère, au contraire, s'est attaché tous les cœurs par le peu de complaisance qu'il a *eue* pour ces infortunés.

Les cinq ans qu'il a vécu dans ce pays lui en ont rendu la langue familière.

75e LEÇON. — Un enfant devient plus précieux en avançant en âge ; au prix de sa personne se joint celui des soins qu'il a coûté.

Que d'hommes ont été *tourmentés* jusqu'au tombeau de la soif des richesses qu'ils ont *laissée* s'allumer en eux !

De cette voiture il est descendu deux dames que nous avons d'abord *jugées* être vos sœurs ; mais bientôt nous avons reconnu que nous nous étions *trompés*.

Nous nous sommes nui par notre trop grand empressement ; nos amis ayant agi avec plus de réserve, ont beaucoup mieux réussi.

Voici un saladier de fraises qu'il aurait mangé, si je le lui eusse laissé sous la main.

Les calomnies qu'on a si gratuitement *débitées* sur le compte de votre ami, je les ai *repoussées* avec le plus de rigueur que j'ai pu, en stigmatisant, comme ils le méritent, ceux qui les avaient *inventées*.

4

C'est une femme qui s'est toujours plu à critiquer ses meilleures amies *mêmes*.

La maladie dont ils sont morts est aussi celle à laquelle a succombé notre parente.

Les plantes gardent l'inclinaison qu'on les a *forcées* de prendre.

Ils avaient d'abord élevé la voix ; mais à l'aspect grave de leurs adversaires, ils se sont *adoucis*, et bientôt même ils se sont *tus*.

558. — Triomphez, hommes lâches et cruels ; votre victoire est plus grande que vous ne l'aviez cru.

Il est parti précipitamment deux courriers pour cette ville.

76e **LEÇON.** — Des personnes s'en sont allées fort mécontentes de la manière peu polie avec laquelle on les a *reçues*. Nous avons souffert nous-mêmes du peu d'égards qu'on leur a manifesté, du peu d'attention qu'on a eu pour elle.

Quelle raison a donc motivé les précautions que vous avez cru devoir prendre à son égard?

La centaine de francs qu'on lui a *prêtée* lui a donné les moyens de répondre à ses premiers besoins.

La guerre ne se faisait pas autrefois comme nous l'avons vu faire du temps de Napoléon.

Dès leur première entrevue ces jeunes gens se sont plu, et bientôt ils sont *devenus* amis intimes.

Les travaux qu'a fait exécuter le gouvernement ont retiré des sociétés politiques une foule de gens que le désœuvrement seul y avait introduits. Outre donc que cette mesure a contribué à la tranquillité publique, elle a encore été le terme de bien des souffrances.

Ne goûtons-nous pas mille fois le jour le prix des combats que notre situation nous a coûté?

A cette nouvelle il s'était déjà rassemblé une foule de gens dont l'attitude menaçante fit que la police employa des moyens auxquels elle n'avait pas recouru depuis longtemps.

Nous ne devons point passer de jour sans donner

quelque temps à la science que nous nous sommes proposé d'étudier.

77e LEÇON. — Le peu d'assiduité que vous avez apporté à vos devoirs me force à vous en faire des reproches; je suis encore fort mécontent du peu d'attention que vous avez mis à me faire votre lettre : les fautes qu s'y aperçoivent me font croire que vous ne l'avez même pas *lue* après l'avoir *écrite*.

Le ridicule des femmes savantes n'est pas tout à fait poussé à bout; il y a dans ces femmes d'autres ridicules plus naturels que Molière a laissés échapper.

La volée de perdreaux que ces chasseurs ont fait fuir *est venue* se poser non loin de nous.

Les deux heures qu'il a discouru sur cette matière n'ont paru longues à personne, tellement il a parlé avec profondeur et avec éloquence.

Quelle est donc la somme que vous a coûté cette maison? Ne l'avez-vous pas *payée* un peu *cher?*

Les deux voyages que nous avions compté faire le printemps prochain se trouvent *reculés* par une circonstance à laquelle nous ne nous étions pas *attendus*.

C'est la fortune plutôt que les honneurs qu'il a *recherchée* dans cette occasion.

Malgré tout ce qu'on m'en avait dit, je ne trouvai point ces merveilles au-dessous de la description que j'en avais *lue*.

Les secours que vous aviez *implorés*, madame, je vous les ai *vue* imprudemment dédaigner.

Les hommes qui ont le plus vécu ne sont pas ceux qui ont le plus joui de ce qu'on appelle les plaisirs, mais ceux qui s'en sont le plus *abstenus*.

78e LEÇON. — Un auteur est toujours louable d'avoir cherché les plus noires couleurs qu'il a pu afin d'inspirer de l'horreur pour des actions méprisables.

Je leur avais donné de jolis livres qu'ils ont laissé gâter à l'humidité.

A combien de périls ne se sont-ils pas *exposés!* Combien de fois n'ont-ils pas couru à la mort! Combien de fois ne l'ont-ils pas *donnée!*

Cette dame s'est plu à tout critiquer par la raison seule qu'on ne l'a pas *consultée.*

Bien que l'obscurité nous *empêchât* de distinguer nos traits, nous nous reconnûmes aussitôt que nous nous fûmes parlé.

Les trois ans qu'on lui avait *accordés* pour qu'il exécutât ses paiements, se sont *écoulés* sans qu'il ait donné plus de deux légers *à-compte.*

Je ne *révélerai* point tant de grandes actions qu'elle a tâché, qu'elle s'est *efforcée* de tenir secrètes.

La multitude de curieux que nous avons *rencontrée s'est portée* sur cette place, où se trouvaient une multitude de jeux qu'on avait établis pour y attirer la foule.

C'est une proposition que nous avons cru ne pas devoir admettre par les motifs que nous vous avons déjà fait connaître.

CHAPITRE XIII.

Récapitulation des exercices sur les temps du SUBJONCTIF, *sur l'*INFINITIF *et sur les* PARTICIPES.

79ᵉ LEÇON. — Tous les gouvernements étaient vicieux avant que la suite des siècles, et en particulier le christianisme *eût adouci* l'esprit humain.

Il est douteux qu'ils *eussent obtenu* cette faveur, si vous ne les eussiez *protégés.*

L'occasion qu'on a une fois *laissée* échapper ne revient plus.

> Je vois ces murs sanglants, ces portes embrasées
> Sous ces lambris fumants des femmes écrasées.

La plupart des hommes, étant peu persévérants, se laissent souvent devancer par d'autres qui sont *partis* après eux, mais qui ont marché constamment.

Encore qu'il *parlât* le langage de la sagesse, et que toutes ses nouvelles démarches *indiquassent* un esprit d'ordre, sa conduite passée ne suffisait-elle pas pour que vous vous *méfiassiez*, pour que vous vous *tinssiez* sur vos gardes? Ne deviez-vous pas craindre que ce retour au bien ne *fût* qu'un artifice, qu'il ne *voilât* des intentions criminelles?

La philosophie ne saurait faire aucun bien que la religion ne *fasse* encore mieux.

Vos amis, engageant tout le monde à ne pas répondre, empêchèrent que des débats affligeants ne *troublassent* l'orde de la réunion.

J'ai vu des savants aimables, mais j'en ai trouvé d'un peu lourds.

Il affecte de prendre vos intérêts, afin que vous les lui *confiiez* absolument,

Tous nos projets ont échoué, et les leurs ont réussi.

Le peu de jours que nous avons *sacrifiés* à l'examen de cette difficulté *ont suffi* pour nous en rendre maîtres: ici encore nous nous sommes *convaincus* qu'il y a peu d'embarras qui ne cèdent à une volonté décidée.

80ᵉ LEÇON. — Il serait à souhaiter qu'après les grands crimes, des spectres vengeurs *poursuivissent* du moins ceux qui, par leur place et leur pouvoir, sont au-dessus des lois.

Votre tante m'a écrit pour vous voir et pour vous engager à aller passer quelque temps auprès d'elle.

Les pertes que cette maison a *éprouvées* ne l'ont pas *empêchée* de satisfaire aux engagements qu'elle avait *contractés*.

Tous ces faits que vous aviez prétendu que je ne prouverais point, les voilà *établis*, *avérés*.

Il est bien rare que la peine, toute lente qu'elle est, *n'atteigne* pas le coupable qui fuit devant elle.

Dans l'automne, ces bois, ces soleils *palissants*,
Intéressent notre âme en attristant nos sens.

Je ne croirais pas qu'il *cherchât* à voir votre ami, s'il n'y était poussé par quelque motif d'intérêt; pour peu qu'on *réfléchît* sur ce qui s'est passé, on verrait que ses intentions ne sauraient être telles qu'il voudrait qu'on le crût.

On ne peut élever les enfants sans *qu'ils pleurent*.

Les orages qui se sont succédé presque sans interruption depuis huit jours, ont détruit les récoltes qui s'étaient *montrées* sous des apparences si belles.

Tant s'en faut, me dit-on, que vous *cherchassiez* à l'éviter, qu'au contraire vous paraissiez trouver du plaisir à le fréquenter; serait-il possible que vous vous *complussiez* dans la société d'un homme repoussé par les honnêtes gens? Croirai-je que jamais vos principes *soient* conformes aux siens?

Les motifs d'intérêt ont divisé plus de familles que les sentiments d'affection n'en ont maintenu dans l'union.

81ᵉ **LEÇON.** — Il est probable qu'Alexandre n'attendit pas qu'il *fût* blessé, ou qu'il se *vît* près de mourir, pour connaître son néant et la lâche complaisance de ses flatteurs, qui feignaient de croire qu'il *était* immortel.

Ces enfants tremblant d'être pris, se cachèrent; ils rentrèrent tout *tremblants*.

C'est bien plus souvent leur gloire que le bonheur de la nation, que la plupart des conquérants ont *ambitionnée*.

Cette petite ville est beaucoup plus intéressante que nous ne nous l'étions figuré; aussi n'en sommes-nous *sortis* qu'après l'avoir entièrement *visitée*.

Que de pleurs lui a coûté cette légèreté! Que de larmes n'a-t-elle pas versées en expiation de cette faute!

Je savais qu'il le *désirait* et je le fis.

Si je savais qu'il le *désirât*, je le ferais!

Le peu de complaisance que vous avez apporté à leur égard vous a nui.

Le peu d'attention que vous leur avez *témoignée* vous a mérité leur reconnaissance.

Il semble que la nature *nous ait donné* l'orgueil pour nous épargner la douleur de connaître nos imperfections.

Le temps est trop précieux pour le perdre (1).

Les poëtes se sont toujours plu à décrire des batailles.

On ne reconnût plus qu'usurpateurs insignes,
Qu'infâmes scélérats à la gloire *aspirant*.

Quoique ses parents soient riches, et tout aisé *qu'il est*, il nous semble *qu'il fait* beaucoup de dépenses.

Pendant les deux années qu'ils ont demeuré en province, ils se sont uniquement *occupés* des soins que réclamait la belle propriété dont ils ont hérité.

82e **LEÇON**. — Ces orateurs ont fini par ramener à leur avis certains hommes qu'à l'ouverture des débats ils avaient *eus* à combattre.

Nous nous étions *moqués* de ces nouvelles ; mais bientôt nous eûmes lieu d'être *persuadés* que la chose était plus sérieuse que nous ne nous l'étions imaginé, plus inquiétante que nous ne l'avions pensé d'abord.

Nous les avons *laissés* terminer leur travail ; après quoi nous les avons *emmenés*.

Amassez-vous des trésors que la rouille ni les vers ne *puissent* gâter et qui *soient* à l'abri des voleurs.

Ces constructions, qu'on avait *jugées* si solides, nous les avons *vues* s'écrouler dernièrement.

N'eût-il pas mieux fait d'employer à des objets d'utilité les quinze cents francs que ce tableau lui a coûté ?

Que de peines ne nous fussions-nous pas *épargnées* si, avant de nous jeter dans les travaux auxquels nous nous sommes *livrés*, nous nous étions fait éclairer par quelqu'un de ces hommes qui se sont constamment *occupés* de travaux semblables !

Voltaire a composé plus de volumes que certains littérateurs n'en ont lu.

(1) A la rigueur, on peut dire : *le temps est trop précieux pour le perdre*, quoiqu'on ne voie pas dans cette phrase l'être agissant dans l'infinitif *perdre*. Mais il est plus régulier de dire : *le temps est trop précieux pour qu'on le perde*.

Si vous veniez nous voir, et que vous *voulussiez* passer quelques jours avec nous, nous vous ferions connaître toutes les curiosités de cette ville.

Ces jeunes gens, obéissant à un sentiment d'humanité, ont partagé leur déjeûner avec ce pauvre.

Si nous avions tenu compte des avis qu'on nous a *donnés*, si nous nous en étions moins *rapportés* à nous-mêmes, les choses auraient tourné différemment.

83e **LEÇON.** — Les livres sont faits pour *qu'on s'instruise*.

Le plus grand théâtre *qu'il y ait* pour la vertu, c'est la conscience.

Les Lacédémoniens, *tout sages qu'ils étaient*, avaient une folle cérémonie à la mort de leur roi : ils se découpaient le front pour témoigner leur douleur.

Si nous avons échoué dans cette entreprise, la cause ne pourrait-elle en être *attribuée* au peu de soins qu'y ont apporté ceux qui avaient été *chargés* de la diriger ?

Je ne me doutais guère que déjà vous *fussiez revenu* de ce voyage.

Quoique nous nous fussions toujours *défiés* de leur sincérité, nous ne nous serions jamais imaginé qu'ils eussent l'âme assez abjecte pour recourir aux moyens qu'ils n'ont pas craint d'employer.

Quelques fous se sont dit à table : Il n'y a que nous qui *soyons* bonne compagnie, et on les croit.

Ce seul fait prouve qu'ils sont bons et compatissants. — Les habitants des côtes sur lesquelles nous fîmes naufrage, compatissant à nos malheurs, nous apportèrent de la nourriture et des vêtements.

Plusieurs mois déjà se sont écoulés, et notre espérance s'est *évanouie*.

Il faut chasser les vaines frayeurs qui ajoutent aux maux réels ceux que la fortune avait résolu de nous épargner.

Les choses ne se sont pas tout à fait *passées* comme on vous l'a raconté, il est quelques points qui méritent d'être *rétablis*.

Les dangers que nous avons *courus* nous ont *rendus* plus circonspects que par le passé.

84e LEÇON. — Parmi les nombreux auteurs que j'ai *consultés* sur cette matière, je n'en ai trouvé aucun qui m'ait satisfait; tous se sont *tus* sur quelques points que j'aurais désiré éclaircir.

Les grands hommes, *apprenant* aux faibles à réfléchir, les ont *engagés* dans l'avenir.

J'ai déchiré la lettre que j'avais commencé de leur écrire, parce que j'ai été informé des vues dans lesquelles ils avaient agi.

Je ne pense pas qu'alors cet acteur *jouât* dans les pièces que vous citez, ni même qu'il *vécût*.

C'est auprès de ces personnes que nous avons *sues* disposées à nous obliger que nous avons pris les informations qui vous ont si bien servi.

Les malheurs qui leur sont *arrivés*, la longue inquiétude qu'un procès si sérieux leur a *causée*, ont influé sur leur gaieté; et, bien que jusqu'ici ils se fussent plu à voir le monde, ils s'en sont entièrement *retirés*.

Croyez-vous qu'il *eût achevé* si heureusement cette entreprise, s'il n'*eût* été si bien secondé?

Le chien est le seul animal dont la fidélité *soit* à l'épreuve.

Ces jeunes gens ne se sont pas *corrigés* de leur insouciance; ils n'ont point encore senti l'importance de l'instruction. Nous leur avons fait à cet égard toutes les remontrances que nous avons pu ; et, pour les encourager, nous leur avons accordé tout ce qu'ils nous ont demandé, tous les plaisirs qu'ils ont voulu : néanmoins ils se sont *laissé* entraîner par leurs penchants, ils se sont *laissés* aller à la paresse.

85e LEÇON. — Qu'a donc fait cet homme pour *être traité* ou *pour qu'on le traite* si inhumainement?

L'Évangile est le plus beau présent que Dieu ait fait *ou* a fait aux hommes.

Ce sont des mots fort *approchants* des termes latins que j'ai *rapportés* plus haut.

4.

Nous nous étions d'abord *refusés* à ajouter foi à ces nouvelles, mais il nous est arrivé deux lettres qui nous les confirment.

J'ignorais que vous *eussiez vendu* votre maison, et que déjà elle *fût* occupée par celui qui l'a achetée.

Quelques auteurs modernes et connaissant fort mal leur langue se sont imaginé qu'ils feraient prévaloir la littérature barbare que leur délire a *créée*.

Racine est le premier qui *ait su* rassembler avec art les ressorts d'une intrigue tragique.

Les bruits de guerre ne s'étant pas *confirmés*, l'inquiétude qu'ils avaient *jetée* dans le commerce a cessé, et les affaires ont repris leur cours ordinaire.

Je ne saurais vous dire les peines que ce travail m'a coûté.

Ces jeunes gens se sont *plu* et sont *devenus amis*.

Nous l'avons prévenu de la mauvaise foi de son adversaire, pour qu'il se *mette* en règle contre ses manœuvres.

Songe aux cris des vainqueurs, songe aux cris des *mourants*,
Dans la flamme étouffés, sous le fer *expirants*,

Les ordres qu'avait *donnés* le général furent *révoqués*, et la bataille fut *livrée*.

86e LEÇON. — Les divers gouvernements qui se sont succédé depuis quarante ans ont eu chacun leurs beaux jours; sous l'empire toutefois il s'est passé des faits et des événements qui seront *répétés* par les générations les plus *reculées même*.

Il est peu de personnes qui n'aient coopéré à cette œuvre; les gens les plus pauvres *même* ont regardé comme un devoir d'y prendre part, et tous y ont contribué *chacun selon leurs moyens*.

Tous les hommes recherchent les richesses, toutefois on a peu vu d'hommes riches qui *fussent* parfaitement heureux.

Il est une foule de difficultés que l'imagination des hommes leur a *créées*; ceux qui sont *habitués* à ne juger qu'après examen ont souvent lieu d'être *étonnés* de la légèreté des motifs sur lesquels est *accréditée* telle opinion.

Les principes religieux occupant ou *exaltant* l'imagination, et élevant l'âme, préservent de l'abattement; ils sont encore plus que *suffisants* pour remplacer les affections que la religion réprouve.

Les grands hommes appartiennent moins au pays qui les *vus* a naître et qui jouit de leur talent qu'au siècle qui les a *formés*.

Pensez-vous que cet objet *vaille* ce qu'on veut le vendre, et que quelqu'un ici *veuille* l'acheter?

La conversation spirituelle qui s'est *animée* à la fin de cette réunion, les bons mots qui s'y sont *dits*, nous ont *dédommagés* de la monotonie silencieuse qui y a régné au commencement.

Je pensais qu'il *était* à Paris.

Si je pensais qu'il *fût* à Paris, je m'y rendrais moi-même.

87e LEÇON. — Nous avons été *indignés* des actes de violence qu'on a *exercés* envers votre famille; les raisons qui semblent les avoir *motivés* sont si légères, que nous nous étions *refusés* à y croire.

Quoiqu'on les eût *dites* à l'épreuve du canon, et bien qu'elles aient résisté pendant plusieurs semaines, les portes de la ville ont enfin cédé à nos coups *répétés;* et l'attaque ayant été *ordonnée*, nos troupes y ont pénétré. Malheureusement les insultes que nos soldats avaient *eues* à supporter de la part des habitants qui s'étaient *crus* en sûreté, ont donné lieu à une vengeance terrible, et que la voix des chefs, alors méconnue, n'a pu empêcher.

Combien de soldats et d'excellents officiers cette victoire ne nous a-t-elle pas coûté!

Ils se sont *occupés* une partie de la journée des problèmes qu'on leur a *donnés* à résoudre.

Cette entreprise a mieux tourné que je ne l'avais supposé.

L'espérance, toute trompeuse *qu'elle est*, sert au

moins à nous mener à la fin de la vie par un chemin agréable.

Pensez-vous qu'il retire jamais de cette propriété les sommes qu'elle lui a coûté ?

Le peu d'instruction qu'il avait reçu fut un obstacle à son avancement.

Le peu d'instruction qu'il avait *reçue* suffit pour qu'il se *trouvât* au-dessus de ceux avec qui il *était*.

Quoiqu'ils se disent infatigables, les trois jours qu'ils ont marché ont suffi pour les abattre à un point tel qu'ils n'ont pu continuer.

88ᵉ **LEÇON.** — Avant de rétablir votre compte, il faut que vous *rectifiiez* les erreurs qui s'y sont *glissées*.

Le hasard amène souvent bien des choses que nous n'aurions pas osé espérer.

Comme nous nous sommes *abstenus* de répondre aux propos *outrageants* qu'ils nous ont *adressés*, ils se sont *repentis* de nous avoir *attaqués*.

La vigne que nous avons *plantée* dans cette terre s'y est plu et y a prospéré.

Les mauvais temps qu'il a fait ne nous ont pas *arrêtés*.

La rapidité avec laquelle se sont succédé les événements de ces derniers temps s'est *opposée* à ce que nous *donnassions* suite aux projets que nous avions *conçus*.

Les lois qu'on n'a *établies* que pour prévenir les guerres, n'ont pas empêché que presque toutes les guerres *naquissent* ou *ne naquissent* des lois.

Je désire que vous *voyiez* les curiosités de cette ville avant de la quitter.

La nouvelle qui nous est parvenue nous aurait fort *affligés* si elle se fût *confirmée*.

On les a *laissés* proférer ces cris, puis on les a *arrêtés*.

— On les a laissé frapper, on les a *laissés* mourir.

Les billets que votre débiteur a enfin consenti à vous souscrire ont-ils été *acquittés* ?

Ils se sont beaucoup mieux accordés que nous n'aurions osé l'espérer.

Je vous blâme de ce que vos parents vous ayant écrit plusieurs fois, vous ne leur avez pas répondu.

Il y a beaucoup de choses qui méritent d'être moquées et jouées, de peur *qu'en les combattant* on ne leur donne trop d'importance, *ou mieux :* en les combattant, on leur donnerait trop d'importance.

Je voudrais bien ravoir les six cents francs que ce mauvais cheval m'a coûté.

Il s'est acquitté des devoirs qu'il a *eus* à remplir.

Les gens auxquels nous nous sommes *adressés* nous ont donné les meilleurs renseignements qu'ils ont pu; mais au lieu de nous servir, leurs indications nous ont nui.

89e **LEÇON.** — Les poëtes épiques se sont toujours plu à décrire des batailles.

Les dégâts que les gardes de cette forêt y ont laissé faire leur ont attiré de la part du propriétaire des reproches qu'ils savent avoir *mérités.*

Ces dames se sont *retirées* de cette société sans s'être *vues*, sans s'être parlé.

Ils se sont *donnés* pour musiciens.—Ils se sont donné des marques non équivoques d'amitié.

Les personnes que nous avons *vues* tomber se sont *blessées.*

Cette affaire s'est-elle *arrangée* comme vous l'aviez espéré, comme vous l'aviez prévu? — Quant à cette attaque, nous l'avions *prévue* et *annoncée.*

Je vis nos ennemis vaincus et renversés
Sous nos coups *expirants* devant nous dispersés.

Ces enfants ont été *punis* pour ne s'être point *occupés* des devoirs qu'on leur avait *donnés* à faire.

Ils se sont *occupés* des devoirs qu'ils ont *eus* à faire et des auteurs qu'on leur a *donnés* à traduire.

Le peu de récréation que nous avons *donnée* à vos sœurs les a *satisfaites.*

Tous ces petits objets d'art se sont *vendus* fort cher, parce que, comme moi, beaucoup de gens en ont acheté sans en avoir précisément besoin.

Ces animaux se sont déplu dans ce climat, et y ont péri.

Le peu d'attention que vous avez apporté à faire vos devoirs me force à vous en faire des reproches.

Ces jeunes gens, que nous avons si souvent entendu blâmer de leur insouciance, ont enfin senti toute l'importance de l'instruction; aussi se sont-ils *donnés* tout entiers à l'étude.

Que de peines votre absence a coûté à votre mère! que de chagrins elle en a *eus!*

CHAPITRE XIV.

*Exercices sur l'*ADVERBE *et la* NÉGATIVE.

90e **LEÇON**. — 595. — Tout à coup *ou* tout d'un coup cet objet disparut.

576. — Malheur à ceux qui aiment et qui estiment plus les richesses que la vertu.

594. — L'âme de Mazarin, qui n'avait pas la barbarie de celle de Cromwell, n'en avait pas *non plus* la grandeur.

576. — Il faut réfléchir *avant* de parler.

578. — Le monde est si corrompu qu'on acquiert la réputation d'homme de bien seulement en ne faisant pas de mal.

610. — C'est un pays où il est défendu de parler en public des affaires de l'état, et d'écrire sur les actes du gouvernement.

632. — Les voyageurs rapportent souvent les choses *tout autres qu'elles ne sont.*

C'est un homme qui ne dit jamais les choses autrement qu'elles *ne* sont.

580. — Le plus jeune de ses deux fils est *beaucoup* plus instruit que l'aîné.

615. — Le tonnerre n'a cessé *ou* n'a pas cessé de gronder depuis deux jours.

Peu de gens sont capables de donner des idées neuves en parlant, *et même en écrivant*.

591. — C'est un marché auquel il a gagné *plus* de mille écus.

607. — Les Égyptiens ne doutaient pas que certains animaux et certaines plantes *ne* fussent des divinités.

591. — Les glaces polaires sont déjà *plus d'à moitié* fondues, lorsqu'elles arrivent sur le banc de Terre-Neuve.

602. — Je crains que sa maladie *ne soit* mortelle.

91e **LEÇON**. — L'avarice *et* la grandeur d'âme ne logent point ensemble, elles s'excluent nécessairement l'une l'autre.

La mort nous attend tous : les uns un peu *plus tôt*, les autres un peu plus tard.

Je ne puis pas *ou* je ne puis répondre à cette question.

La rapidité du plaisir empêche qu'il *ne* compense la peine qu'on prend pour se le procurer.

Je vous attendrai demain matin *ou* demain au matin.

Les richesses sont souvent plus funestes que la pauvreté *n'est* incommode.

Le plaisir de l'étude est *aussi* tranquille que celui des autres passions est inquiet.

Il y a des auteurs qui écrivent mieux qu'ils *ne* parlent, et d'autres qui parlent mieux qu'ils *n'écrivent*.

On ne souhaite jamais *ardemment* ce qu'on ne souhaite que par raison.

La cavalerie contribua *puissamment* aux avantages de cette glorieuse journée.

Quoique une foule de fautes contre la langue déparent les ouvrages de Molière, on ne peut disconvenir qu'il *soit ou* qu'il ne soit un illustre auteur, *ou encore* on ne peut disconvenir qu'il *est* un auteur illustre.

Les passions nous tourmentent plus qu'elles *ne* nous satisfont.

Celui qui se fie plus en ses lumières que dans celles des autres est souvent un homme vain.

Nous avions tellement besoin de lui, que nous craignions qu'il *n'arrivât pas*.

Elles ont *ingénument* répondu à toutes les questions qu'on a jugé devoir leur poser.

92e **LEÇON**. — On n'est pas digne de soutenir la justice et la vérité, *quand* on peut aimer quelque chose plus qu'elles.

Je n'ai pu *ou* je n'ai pas pu le rencontrer.

Tout à coup le tonnerre se fit entendre.

En définitive à quoi voulez-vous en venir?

Quand on ne veut pas faire le bien, il ne faut pas empêcher que les autres le fassent *ou* ne le fassent.

Vous avez payé ces heures de plaisir bien *cher*. — Cette étoffe me paraît *chère*.

. . . .
Défendit qu'un vers faible y pût jamais entrer,
Et qu'un mot déjà mis osât s'y rencontrer.

Je ne sais quand il arrivera.

Tout homme qui nuit à la réputation d'un autre *plutôt* que de sacrifier un bon mot mérite une peine infamante.

Si vous étiez arrivé un quart d'heure *plus tôt*, vous l'eussiez rencontré.

Vous ne sauriez nier qu'on apprenne ou qu'on n'apprenne bien des choses en voyageant.

Ce jeune homme possède des qualités *aussi* estimables que rares.

Quand ma lettre vous sera *parvenue*, veuillez me faire une réponse *tout de suite*.

Il n'est jamais arrivé qu'on lui ait parlé de cette circonstance *sans qu'il en ait* été ému.

A cette interpellation, les accusés restèrent *court* et déconcertés. — Les souliers de cet enfant me semblent *courts*.

93e **LEÇON**. — On vit les satellites de Pompée environner Milon *avant qu'il fût* jugé.

Notre corps d'armée passa près de l'ennemi sans craindre *qu'on osât* l'attaquer.

C'est une question à laquelle *je ne saurais répondre.*

Il ne sortira jamais de cet embarras, à moins que ses parents *ne l'aident.*

Il y a plus de six mois que *je ne l'ai rencontré.* — Il y a plus de trois ans qu'ils *ne se parlent pas.*

Je trouve que ses plaintes sont *exagérées, quand,* à vrai dire, il a plus de torts que qui que ce soit.

Les faveurs de la fortune sont comme les charmes de la figure; on ne les conserve pas *longtemps.*

Il était défendu qu'aucun étranger *entrât* dans la ville.

Un bon livre, un bon discours peuvent faire du bien; mais un bon exemple parle bien plus *éloquemment* au cœur.

Ce professeur a *savamment* discouru sur cette matière.

Les fautes d'Homère n'ont jamais empêché qu'il fût *ou* qu'il ne fût sublime.

Hélas! on ne craint point *qu'il venge* un jour son père.

J'appréhende que son langage *ne soit* un moyen de nous tromper.

Le mauvais exemple nuit *plus* à la santé de l'âme que l'air contagieux à la santé du corps.

Il fallait une grande force ou une grande habileté pour enlever une place *aussi forte* qu'était Corinthe.

94e LEÇON. — Ce n'est pas à nous qu'il a tenu que vous *ne* fussiez satisfait.

Nous ne nous écrivons plus que de loin à loin *ou* que de loin en loin.

Ainsi qu'ils nous l'avaient annoncé, ces messieurs sont partis hier soir *ou* hier au soir.

C'est un homme en qui je ne puis *ou* ne puis pas avoir confiance : s'il savait jusqu'à quel point ses actes me sont *connus,* il n'oserait pas ou il n'oserait se présenter devant moi.

C'est en vain que l'on cherche les plaisirs dans la mollesse, on *n'y* trouve que les soucis rongeurs.

Il arrivera *incessamment.*

Rien n'empêche *tant* d'être naturel que le désir de le paraître.

Il me semble que ces articles vous reviennent bien *cher*. — Ces objets ne vous semblent-ils pas *chers*?

Mon amitié pour vous me fait craindre que vous *ne réussissiez pas*.

Il y avait à craindre qu'à leur âge ces enfants *ne* se laissassent entraîner par des exemples dangereux.

Son apparence de santé n'empêche pas qu'il soit *ou* qu'il ne soit malade.

Cette jeune personne n'est pas si douce *ou* aussi douce qu'elle le paraît; par moments même elle est *si* violente, que rien ne saurait lui résister.

J'engage les élèves à dire la différence qu'il y a entre ces deux phrases :

Cet enfant *n'étudie pas*. — Cet enfant *n'étudie point*.

95e **LEÇON.** — L'état, *quand* il a des besoins, est le premier pauvre.

Il y a plusieurs années que nous *n'avons eu* un hiver aussi rigoureux que le dernier.

Aucun physicien ne doute aujourd'hui que la mer *n'ait* couvert une grande partie de la terre habitée.

Souvent on se donne bien de la peine pour n'être *en définitive* que ridicule.

Ce sont des hommes dont les réflexions sont justes, qui raisonnent *juste*.

Notre tâche se trouvait alors plus *d'à moitié* remplie.

La chaleur de la fièvre lui a tellement dérangé le cerveau, que nous sommes *obligés* de le veiller de peur qu'il *ne* se porte à des violences contre lui-même.

Quelque temps *avant que* l'entreprise de l'empereur Henri *éclatât*, les comtes d'Anjou et de Monfort avaient fait leur paix avec le roi d'Angleterre.

Il faut penser à l'avenir avant que la vieillesse *arrive*.

Sa trahison fut cause qu'on lui défendit *de rentrer* dans sa patrie.

Bien qu'il n'y eût ni portes ni fenêtres à cette maison, nous nous y trouvâmes *à couvert*.

C'est avec raison qu'on méprise ceux qui parlent autrement qu'ils *ne* pensent.

Je ne disconviens pas que ce jeune homme soit *ou* ne

soit instruit, *ou encore* je ne disconviens pas que ce jeune homme *est* instruit ; mais je crains qu'il *n'ait pas* assez d'expérience.

96ᵉ **LEÇON**. — Ayez l'assurance, mon fils, qu'on ne peut pas vous aimer plus tendrement *que je ne fais*.

L'amitié est une chose *si précieuse*, qu'il ne faut pas la prodiguer.

Raoul, comte d'Eu, fut décapité sans qu'on *observât* les formes de la procédure.

Un grand causeur parle toujours quoiqu'on ne l'écoute pas, et il n'écoute point non plus quand on lui parle.

J'ignorais les événements qui se passaient *autour de moi*.

Il s'est fait dire *crument* de fâcheuses vérités.

Ni lui ni moi nous ne pûmes pas le voir *ou* nous ne pûmes le voir.

Il y a deux mois que *je n'ai reçu* de ses nouvelles et que *je ne lui ai écrit* moi-même.

Quelques bataillons *placés* sur ce point ayant *tenu bon*, l'armée ennemie prit une autre route.

Fuyez les gens corrompus, de crainte qu'ils *ne vous infectent* de leurs pernicieuses doctrines.

Cet auteur écrit mieux qu'il ne parle.

Cet auteur ne parle pas *mieux qu'il écrit*.

C'est une vertu de supporter *patiemment* les injures de celui qu'on ne craint pas.

Lorsqu'on est engagé dans le chemin de la vertu, il faut y rester *constamment* ; on se fourvoierait, soit que l'on *prît* à droite ou à gauche.

97ᵉ **LEÇON**. — A moins qu'un homme *ne soit* un monstre, la douceur d'une femme le ramène et triomphe de lui tôt ou tard.

Quand je le vis, il portait un paquet *sous* le bras.

Les soldats allèrent *à découvert* attaquer la demi-lune. Rien n'est triste comme les pays *découverts*.

On se voit d'un autre œil qu'on *ne* voit son prochain.

Sachant que quelqu'un vous a calomnié, vous direz, dans l'intention de lui en faire un reproche : N'avez-

vous *pas* tenu ce langage? N'avez-vous *pas* froissé l
vérité?

Nous partirons demain matin ou demain soir, *ou bier*
demain au matin ou demain au soir.

Le tigre déchire le corps des animaux qu'il prend, e
y plonge sa tête pour sucer leur sang, qu'il tarit presque toujours *avant que sa soif s'éteigne.*

Il en tua quatre *tout d'un coup.*

Il faut le reconduire jusque chez lui, de crainte qu'i
ne s'égare, de crainte qu'il *ne* retrouve *pas* son hôtel.

Je ne sais trop à quoi il a tenu que votre ami *ne* se
portât à des excès, quand il a entendu une telle calomnie
sur votre compte.

Nous avons le projet de faire ce voyage *avant qu'i*
fasse froid.

98ᵉ **LEÇON.** — Personne ne nous a *servis* aussi ou
si utilement que vous l'avez fait.

Il ne nie pas qu'il vous doive *ou* qu'il ne vous doive.

Les princes loués sans relâche par les grands et les
courtisans en seraient plus vains, s'ils avaient *plus* d'estime pour ceux qui les louent.

Chez les Perses on marquait sur un registre les services que chacun avait *rendus*, de peur qu'à la honte du
prince et au grand malheur de l'état, *ils ne demeurassent*
sans récompense.

C'est un homme qui ne paiera pas, à moins que vous
ne le poursuiviez.

La même justesse d'esprit qui nous fait écrire de bonnes choses nous fait appréhender qu'elles *ne* le soient
pas assez pour mériter d'être *lues.*

Quand il s'agit d'un homme aussi honorable, un tel
propos n'est-il *pas* une calomnie?

Si la paix a empêché nos soldats de déployer leur
valeur, nous n'aurons pas non plus à regretter la perte
d'un certain nombre d'entre eux.

Les gens qui se vantent de bravoure ne sont souvent
pas tant *ou* autant à craindre que les autres.

Les récoltes de cette année me paraissent *aussi* abondantes que celles de l'année dernière.

CHAPITRE XV.

Exercices sur la PRÉPOSITION.

(Voir dans la *Grammaire* les principes du n° 616 au n° 635).

99ᵉ LEÇON. — Tout l'art d'un auteur consiste à conître les mots de sa langue, *à* les combiner de manière latter l'oreille, *à* plaire à l'imagination, *à* éclairer l'esit et *à* toucher le cœur.

Plus d'état, plus de rois, ses sacriléges mains
Sous un même rang placent tous les humains.

Cet événement eut lieu le cinq mars *ou* le cinq de ars.

C'est aux officiers *de* commander, et aux soldats obéir.

Sa maison se trouve près de la grande porte *ou* auprès ◌ la grande porte de la ville.

Il est entré sans saluer ni dire bonjour *ou* sans saluer sans dire bonjour.

Un magistrat doit toujours juger conformément *aux* is, et suivant les lois.

Il se répand autour des trônes certaines terreurs qui npêchent de parler aux rois avec liberté.

C'est une route qu'on fait ordinairement *en* trois jours.
- Il arrivera *dans* trois jours.

Voici trois médecins qui ne nous trompent pas :
Gaîté, doux exercice et modeste repas.

Lequel fut le plus brave d'Alexandre ou de César ?
Je ne puis, *quant à* présent, rien vous dire de positif ir cette affaire.

C'est une des miséricordes de Dieu de semer des nertumes et des dégoûts *à travers les* douceurs tromeuses du monde.

Le boulet frappa et *traversa* le mur sans blesser personne ; *ou* le boulet *frappa le mur*, et *passa à travers* sans blesser personne.

Il avait tous les jours *sept ou huit* personnes à table.

Il nous faut encore *trois à quatre* heures pour achever ce travail.

100ᵉ LEÇON. — *C'est à vous de* parler, afin de relever ce qu'il y a de blessant pour votre famille dans les paroles de cette personne.

C'est à vous à parler après l'orateur.

Je n'ai point reçu de ses nouvelles jusqu'à aujourd'hui *ou* jusqu'aujourd'hui.

Autant que qui que ce soit, Néron, dans le commencement de son règne, se montra disposé à faire le bien, et *à* gouverner Rome selon les principes de l'équité ; mais bientôt ce naturel, vrai ou simulé, se convertit en méchanceté, *en* tyrannie et *en* atrocités ouvertes.

Tous les vices sont en général plus exaltés dans les grandes villes qu'en province, l'envie *exceptée*.

Les bergers marchent devant *ou* avant le troupeau.

Jusqu'à quand *ou* jusques à quand, Catilina, abuseras-tu de notre patience ?

Voici en quoi consiste la véritable grandeur et la seule gloire réelle : la droiture du cœur, la vérité, l'innocence et la règle des mœurs, et l'empire sur les passions.

Ce travail peut se faire en trois jours.

Les familles juives ne se marient guère qu'*entre elles*, de même que les protestants ne s'unissent guère qu'*entre eux*.

Quelques soins que l'on prenne de couvrir ses passions, par des apparences de piété et d'honneur, elles paraissent toujours *à travers ces voiles*.

Votre ami a meublé sa maison sans luxe et sans recherche *ou* sans luxe ni recherche.

101ᵉ LEÇON. — Les fonds de l'état refluent sur toute son étendue au fur et à mesure de leur entrée dans le trésor public *ou* à fur et à mesure qu'ils entrent.

La vaine gloire consiste à faire parade de vertus qu'on

a pas, à montrer de l'affectation dans ses manières, à faire honneur de ses aventures, de son nom, de sa ïissance.

L'Assomption arrive invariablemeut le quinze août *ou* quinze d'août.

Vous ne devez pas, *quant à* cela, avoir la moindre in‐ iiétude.

Ce n'est point aux auteurs *de* juger du mérite de urs ouvrages.

Ce jeune homme aura fini ses études *dans* quatre ans. et autre les a toutes faites *en* six ans.

Lequel *de* votre fils ou *du* mien est le plus avancé ?

Quoiqu'il soit garçon, il a cinq *ou* six domestiques.

— Sa fortune, dit-on, est de trente *à* quarante mille li‐ res de rente.

Les véritables sages vivent entre eux retirés et tran‐ uilles.

Il aurait voulu qu'on le *remerciât*, *quand*, à franche‐ ient parler, c'est lui qui est l'obligé.

Voici trois choses à consulter : le juste, l'honnête et utile.

Je demeurais alors près des remparts *ou* auprès des emparts.

Tels sont les motifs qui m'ont empêché jusqu'aujour‐ 'hui *ou* jusqu'à aujourd'hui de répondre à votre lettre.

Ce malheureux reçut un coup d'épée qui lui passait *à* ‐avers le ou *au travers du* corps.

CHAPITRE XVI.

Exercices sur la CONJONCTION.

(Voir dans la *Grammaire* les principes du n° 656 au n° 644.)

102ᵉ **LEÇON**. — Il ne faut pas juger les hommes iar ce qu'ils ignorent, mais par ce qu'ils savent, et par a manière dont ils savent.

Le vrai brave conserve son jugement au milieu du péril avec autant de présence d'esprit *que* s'il n'y était pas.

C'est obliger tout le monde de rendre service *ou que* de rendre service à un honnête homme.

Quoi que fasse un criminel, *quelle que* soit l'apparente sérénité de son esprit, une préoccupation poignante, le remords, *empoisonne* sa vie.

Les terres, en général, ne rapportent *qu'autant* qu'elles sont bien cultivées.

Il n'y a rien que les hommes aiment mieux conserver et qu'ils ménagent moins que leur propre vie.

Plus on est élevé en dignité, *plus* on doit être modeste.

Que ne lui parle-t-il *ou* pourquoi ne lui parle-t-il lui-même?

C'est un mauvais orgueil de croire *ou que* de croire qu'on ne peut avoir tort.

C'est un homme qui n'a jamais connu l'amitié *ni* ses douceurs.

> Rome n'étant plus libre et ne pouvant plus l'être,
> Qu'importait que Pompée ou César *fut maitre.*

103ᵉ LEÇON. — Nous jugeons plus souvent des choses par ce que nous en entendons dire, que par ce qu'elles sont effectivement.

L'estomac *ni* les intestins des hommes ne sont *faits* pour digérer la chair crue; en général, le goût ne la supporte pas.

C'est un grand signe de médiocrité de louer *ou que* de louer toujours modérément.

Parce que notre condition naturelle est misérable, il ne s'ensuit pas qu'elle le soit également pour tous.

Venez que je vous dise un mot *ou* afin que je vous dise un mot.

Il réussit toujours à *quoi qu'*il se livre. — Il ne réussit pas à cette étude, *quoiqu'*il s'y livre du matin au soir.

L'enthousiasme ou la haine des sots *sont* les deux malheurs du génie.

Cette mesure n'aura d'effet *qu'autant* qu'on n'apportera pas trop de rigueur à la faire exécuter.

Ce qui met les Chinois au-dessus de tous les peuples de la terre, c'est que leurs lois, leurs mœurs et la langue que parlent chez eux les lettrés, n'ont pas changé depuis environ quatre *mille* ans.

Plus vous lui en direz, *moins* il en fera.

CHAPITRE XVII.

Récapitulation des exercices sur l'ADVERBE, la NÉGATIVE, la PRÉPOSITION et la CONJONCTION.

104ᵉ LEÇON. — Un glorieux est incapable de s'imaginer que les grands dont il est vu pensent autrement de sa personne qu'il *ne* fait lui-même.

Que celui qui ne veut pas faire le bien n'empêche pas que les autres le fassent *ou* ne le fassent.

Tous les sentiments excessifs sont sujets à se relâcher d'eux-mêmes, et *à* se démentir dans la pratique.

Cet étranger n'est pas si riche *ou aussi* riche qu'il veut le faire entendre.

Nous espérons que vous viendrez nous voir *avant que vous partiez* ou mieux *avant de partir*.

On appréhende que la fièvre *ne revienne*.

Dans les délibérations les plus sages, l'intérêt peut se laisser distraire, ébranler même ; mais *en définitive* c'est lui qui vote.

C'est aux ministres *de* soutenir l'honneur de la nation, et c'est à la nation *de* le défendre.

On n'est pas plus maître de toujours aimer, qu'on *ne* l'a été de ne pas aimer.

Dans les états gouvernés despotiquement, il est défendu *de rien écrire* sur la politique.

Les carrosses *haut* suspendus sont fort *versants*.

Il ne tient pas à moi que les choses *ne* se terminent.

5

La raison ne déplaît dans la plupart des hommes que *parce* qu'elle leur est étrangère.

Vous voyez *par ce qu'il* dit qu'il ne saurait avoir raison.

On ne sait en quel lieu *florissait* Babylone.

On ne passe guère ce détroit qu'*en cinq heures*.

Voici une puissante leçon de morale, car elle est fondée sur l'intérêt : soyez meilleur, vous serez plus heureux.

105e **LEÇON.** — Il est beaucoup plus grand que je *ne* l'avais cru, et plus aimable que je *ne* croyais.

Le hasard voulut qu'il ne se *livrât* aucune bataille importante *sans qu'il y prît* part.

Il est des plaisirs de quelques moments qui coûtent *cher*.

> J'ai peur que l'univers, qui sait ma récompense,
> N'impute mes transports à ma reconnaissance.

Je ne partirai pas que je ne l'aie vu *ou* avant que je l'aie vu.

Il y a bien deux ans que nous *ne nous sommes vus*.

Les hommes ne sont estimables qu'autant qu'ils sont vertueux.

*Quoi qu'*on leur dît, quelques reproches qu'on leur fît, ils étaient insensibles. — Quoiqu'on leur dît la vérité, ils ne parurent pas convaincus.

> . . . . A son réveil il trouve
> L'attirail de la mort *autour de* son corps.

Il faut vous y présenter *tout de suite*, autrement vous serez obligé de revenir.

Il serait contre nos intérêts que nous *fissions* venir ces objets de si loin, *quand*, à notre porte, nous en trouvons à notre convenance.

On ne saurait nier que la paresse, l'intérêt, la dissipation soient *ou* ne soient ce qui domine parmi nous.

Il avait *évidemment* tort.

Sésostris pénétra dans les Indes plus loin qu'Hercule *et* que Bacchus.

La présomption nous représente à nous-mêmes tout autres que nous *ne* sommes.

C'est une personne si charitable, qu'elle est continuellement *autour des* malades.

106ᵉ LEÇON. — Un moraliste a dit que l'amour du prochain *est* de tous les sentiments le plus sage et le plus utile ; il est *aussi* nécessaire dans la société civile pour le bonheur de notre vie, que dans le christianisme pour la félicité éternelle.

> Je ne puis y toucher avant que des eaux pures,
> Du sang dont je suis teint *aient* lavé les souillures.

C'est une femme qui ne cesse de gronder *ou* qui ne cesse pas de gronder ; aussi n'ose-t-on l'aborder *ou* n'ose-t-on pas l'aborder.

Nos fruits ont été *plus d'à moitié* perdus par la grêle.

C'est aux parents de donner *de* bons exemples à leurs enfants, s'ils veulent en faire des hommes vertueux.

Je ne disconviens pas qu'il soit *ou* qu'il ne soit savant *ou encore* je ne disconviens pas qu'il est savant, mais il a peu d'esprit.

Les grands ne sauraient faire de petites fautes, les petits *non plus* ne sauraient en faire *de* grandes.

Cette indisposition lui prit *tout à coup.*

Il s'assit près de nous *ou* auprès de nous.

Plus on remonte dans l'histoire, *plus* on trouve de peuples qui honoraient un seul dieu.

Je ne crois pas qu'on puisse être plus heureux que vous *ne* l'êtes.

Comment pouvez-vous vous plaindre, *quand*, à franchement parler, vous avez tort ?

Les soldats français ont une réputation faite, *quant à* leur bravoure et à leur humanité.

Nous irons vous voir *avant de* partir.

107ᵉ LEÇON. — Tout l'esprit d'un auteur consiste à bien définir et *à* bien peindre.

On ne voyait de végétation que de loin à loin *ou* que de loin en loin.

C'est un travail qu'on peut faire *en* cinq heures. — *Dans* cinq heures ce travail sera terminé : aujourd'hui donc je pourrai vous rendre cet objet.

Thèbes, cette ville aux cent portes chantées par Homère, n'était pas moins peuplée qu'elle était vaste.

Lequel est le plus avancé, *du* frère aîné ou *du* cadet? *ou bien* lequel est le plus avancé, le frère aîné *ou* le cadet?

On fait peu de cas des fats, parce qu'ils ont rarement de quoi se faire estimer.

On les accabla tellement de questions, qu'ils demeurè-rent *court*. — Vos deux habits me paraissent trop *courts*.

Quoique votre père *n'aimât* point *à* prendre part aux discussions scientifiques, cela n'empêchait pas qu'il connût la bonne littérature, et qu'il en parlât fort bien, *ou* cela n'empêchait pas qu'il ne connût et qu'il ne parlât.

Je ne vous ai point parlé de cette nouvelle, de crainte que vous *n'*en fussiez affligé.

Ni l'un ni l'autre *ne sont capables* de remplir cette mis-sion délicate.

Nous étions *restés* jusqu'aujourd'hui *ou* jusqu'à aujour-d'hui sans recevoir de ses nouvelles.

Le bien *ni* les maux extrêmes ne se font sentir aux âmes médiocres.

Ils se sont *occupés assidûment*.

Je *ne* doute pas qu'ils *n'*eussent réussi sans cet obstacle imprévu.

Que n'y allez-vous *ou* pourquoi n'y allez-vous vous-même?

Les deux livres n'y sont-elles pas un peu *justes?* — Les dames très-souvent se chaussent trop *juste*.

108e LEÇON. — Louis XIV voulut voir le *Tartufe* de Molière, avant même *qu'il fût* achevé.

Je ne *saurais vous dire* tous les dangers que nous avons *courus*, toutes les peines que nous avons *eues*.

Il fut défendu qu'aucun étranger *pénétrât* dans la ville.

Sur toute cette longue route on ne voit que *trois ou quatre* villes passables ; les autres ne méritent pas d'être citées.

Voici tout l'homme : ses désirs, ses inquiétudes, ses fautes, et, de plus, cette inévitable douleur appelée remords qui le ramène à la vérité.

Il ne tient qu'à peu de chose qu'il *ne* consente à cette proposition.

C'est une copie sans date et sans signature *ou* sans date ni signature.

Rien n'est si sec, si dur, si froid, si resserré, *ou* aussi sec, aussi dur, aussi froid, aussi resserré, qu'un cœur qui s'aime seul en toutes choses *ou* en toute chose.

Quoiqu'il n'ait plus autant de fortune qu'autrefois, il **a** conservé quatre *ou* cinq chevaux.

C'est un voyage qu'on ne peut faire qu'en deux *à* trois jours.

Qui tremble est *plus d'à moitié* vaincu.

Je ne rentrai chez moi que le deux juillet *ou* le deux de juillet.

C'est moins par ce qu'on ignore, que par ce qu'on sait mal, qu'on fait rire à ses dépens.

Il n'est guère possible en province de faire la moindre démarche, sans que tout le monde le sache et en parle.

109ᵉ LEÇON. — A travers les murmures *ou* à travers des murmures flatteurs des courtisans, Sully faisait entendre la voix libre de la vérité.

Croyez-vous que tant de travaux puissent s'exécuter dans trois mois *ou* en trois mois ? — Le printemps commençant aujourd'hui, dans trois mois nous aurons l'été.

Nul n'est ambitieux par raison, *ni* vicieux par défaut d'esprit.

Ce sont des personnes qui ont *constamment* demeuré en province.

En général les gardes forestiers tirent *juste*. — Ces comptes me paraissent *justes*.

Est-ce à ceux qui nient la vertu, *de* la combattre par la religion qui l'établit.

Nous ne l'avons pas trouvé plus instruit qu'il *ne* vous l'avait paru à vous-même.

Il y a plus de vingt ans que nous *n'avons eu* de guerre sérieuse.

On ne nierait pas aujourd'hui que la terre soit *ou* ne soit ronde.

Il agit autrement qu'il *n'*avait dit.

Il n'a pas agi autrement qu'il l'avait dit.

Tant que les hommes se contentèrent de leurs cabanes rustiques, tant qu'ils se bornèrent à coudre leurs habits de peaux avec des épines ou des arrêtes, *à* se parer de plumes et de coquillages, *à* se peindre le corps de diverses couleurs, *à* perfectionner ou embellir leurs arcs ou leurs flèches, ils vécurent libres, sains et heureux.

La faveur des princes n'exclut pas le mérite, et ne le suppose pas *non plus*.

Un père qui n'a inspiré à ses enfants aucun principe de religion, doit toujours craindre qu'ils *ne* tombent dans le travers.

CHAPITRE XVIII.

*Exercices sur l'*ELLIPSE, *le* PLÉONASME, *la* SYLLEPSE *et l'*INVERSION.

(Voir dans la *Grammaire* les principes du n° 648 au n° 657.)

110e LEÇON. — Ceux-là seuls qui ont beaucoup perdu savent combien l'homme *a besoin* d'espérer.

Les Perses regrettaient dans Alexandre le plus juste et le plus doux des maîtres, et les Macédoniens un excellent roi, et de tous le plus courageux.

Il faut *s'entraider*, c'est la loi de nature.

Cet écrit définit et limite les droits respectifs de chacun ; pour être tout à fait *liés*, nous *n'avons qu'*à y apposer notre signature.

Celui qui oblige peut se trouver en position *d'être obligé* à son tour.

On peut comparer un discours élégant, plein de verve et de logique, mais entaché de quelques fautes contre la langue, à un beau fruit, dont la grêle, en le frappant, *a diminué* la valeur et taché le coloris.

A ceux qui sont assez malheureux pour avoir de la répugnance pour la religion, il faut commencer *par montrer* qu'elle n'est point contraire à la raison ; ensuite qu'elle est vraie, aimable et vénérable.

Après la mort de la feue reine, les lois furent *méconnues* et *violées*.

Votre frère s'est acquis l'estime générale par la bonté de son cœur, et *s'est* rendu célèbre par son génie.

Le parti en est pris, disait-il, désormais je ne reparaîtrai plus dans cette société ; on n'en sort jamais sans avoir entendu des *plaintes que* s'adressent mutuellement ceux qui la composent.

111e **LEÇON**. — On n'estime pas les paresseux, parce qu'on ne mérite pas *d'être estimé* quand on ne remplit pas ses devoirs.

Les deux principes de vérité, la raison et le sens, outre qu'ils manquent souvent de sincérité, s'abusent réciproquement *ou* s'abusent l'un l'autre.

Quelquefois nos faiblesses nous attachent réciproquement autant que pourrait faire la vertu, *ou* nous attachent les uns aux autres autant que.....

On ne saurait se dispenser de connaître l'homme en général *et* soi-même en particulier.

Où tout est dépendant, *il existe* un maître : l'air appartient à l'homme, et l'homme à l'air.

C'est un grand spectacle de considérer *ou* que de considérer les hommes *méditant* sourdement de *s'entrenuire*, et de *s'entr'aider* contre leur inclination et leur dessein.

En admirant dans Marot certains morceaux si dignes *d'être admirés*, on ne peut s'empêcher d'être choqué de la grossièreté insupportable qu'on remarque en d'autres endroits.

Les *générations futures* apprécieront les progrès que l'industrie a *faits* de nos jours.

La force *ni* la raison ne résistent guère à des insinuations sans cesse renouvelées.

Ce n'est que par rapport à la morale et aux sciences exactes, que les vérités sont absolues et immuables.

CHAPITRE XIX.

Exercices sur les REMARQUES SUR CERTAINS VERBES.

(Voir dans la *Grammaire* les principes du nº 658 au nº 787).

112ᵉ **LEÇON.** — Alexandre commença *de régner* trois *cent* trente-sept ans avant l'ère vulgaire.

J'aime mieux être entouré de l'estime d'un seul homme de bien, *que d*'être applaudi d'une foule de méchants.

N'envions point le riche qui *étale ses magnificences et en fait parade*; remercions-le *plutôt* du plaisir qu'il nous procure et des soucis qu'il *nous épargne.*

On a comparé le bonheur à une boule *ou* avec une boule après laquelle nous courons tant qu'elle roule, et que nous poussons du pied quand elle s'arrête.

Si Dieu agissait toujours d'une manière miraculeuse, on serait comme forcé à le reconnaître *ou* de le reconnaître, alors il n'y aurait plus de foi. (*De* est plus usité.)

Comme l'ambition n'a pas de frein, et que la soif des richesses nous *consume* tous, il en résulte que le bonheur nous fuit à mesure que nous le cherchons.

L'Académie a été établie pour connaître principalement *de* l'ornement et *de* l'augmentation de la langue française, *de* la valeur des expressions nouvelles.

Aidez-leur à relever leur voiture.

Il serait digne des lumières de notre siècle de ne rien négliger pour atteindre à la perfection de notre langue.

Il *a* toujours *mal agi* avec moi, quoique je ne lui aie fait que du bien.

Il n'est point de si méchante action qu'un flatteur ne sache *colorer*.

> Elle trahit mon père et rendit aux Romains
> La place et les trésors confiés *à* ses mains.

Un effroyable incendie *consuma* les provisions de l'armée.

La garnison *consomma* ses provisions *avant qu'on pût* la secourir.

113e LEÇON. — Ce qui distingue essentiellement l'homme des animaux *ou* d'avec les animaux, c'est qu'il a l'idée de Dieu.

Un riche sensé fait toujours en sorte que sa recette *égale* sa dépense.

Vous craignez, dites-vous, que votre frère *ne* soit malade, mais je vous *assure* que je l'ai laissé en bonne santé.

Je voudrais vous *épargner* une seconde peine, mais il est indispensable que vous reveniez.

Les principes de cette femme ont fait dire d'elle qu'elle était une éhontée *ou* une déhontée.

Ils ne font *que de* partir.

Nous le trouvâmes couché *par terre*.

On doit plaindre ceux qui *n'aiment point à s'instruire*.

Quoi, mon ami, tu demanderais *pardon* à qui t'insulte !

Voyez combien ces enfants, que nous avons vus si mignons, sont *renforcés*.

Vous ne voyagez plus autant que vous faisiez *ou* autant que vous voyagiez.

> Ah ! quand pourra ton fils te presser sur son sein,
> Mes yeux *voir* tes yeux, ma main serrer ta main !

Il suffit aux bons gourmets de *flairer* le vin pour savoir s'il est bon et vieux.

Nos affaires nous *rappelant* chez nous, nous nous *en* sommes *allés* en toute hâte.

Jamais l'avarice, la vanité, le plaisir, ces sources empoisonnées de toutes les actions des hommes, n'ont *in-fecté* son cœur.

Le cheval que je montais ayant butté dans un pavé plus *éminent* que les autres, *s'est abattu*; sa chute m'a fait courir un danger *imminent*.

114ᵉ LEÇON. — Il n'y a qu'un homme mal né qui puisse *insulter à la misère* du pauvre.

Cet ivrogne *insulte les* passants.

Voilà un titre précieux qu'il faut joindre aux autres pièces *ou* avec les autres pièces.

Le lierre se marie avec tous les arbres *ou* à tous les arbres auprès desquels il se trouve ; il se marie même aux murailles *ou* avec les murailles.

Je désire ardemment *de* voir prospérer cette vertueuse famille.

Je meurs du désir de savoir si nos amis ont heureuse-ment fait la traversée.

Les libertins ont beau faire les esprits forts, ils trem-blent quand ils sont *près de* mourir.

Lui avez-vous *fait observer* qu'ils s'étaient *trompés* dans l'appréciation des faits qu'on a *déférés* à leur juge-ment ?

Tous les opinants se rangèrent *à* son avis.

Nous *allâmes* tous le remercier de sa complaisance.

Ce saint homme a poussé la charité à un tel point, qu'il s'est appauvri pour *aider les* pauvres.

Vous pouvez *l'assurer* que nous lui sommes tout dé-voués.

Il vaut mieux exceller dans le médiocre, que de s'é-garer en voulant *atteindre au* grand, *au* sublime.

De quoi avez-vous l'habitude de déjeuner ?

Cet homme *n'a invectivé contre moi*, que parce que je lui ai redemandé de l'argent que je lui avais obligeam-ment avancé.

Celui qui peut *ce qu'il lui plaît*, commande alors qu'il prie.

N'ayez pas foi aux paroles *ou* dans les paroles de cet *intrigant*.

115e LEÇON. — Le vice-président d'une assemblée est institué pour *suppléer le président*.

Il y avait autrefois des charges qui *anoblissaient*, c'est-à-dire qui élevaient les personnes au rang des nobles.

Il y a des esprits qu'on plie *ou* qu'on ploie aisément, et d'autres qui sont indomptables.

Un cœur vertueux s'afflige en se *rappelant ses passions* déréglées.

Cet enfant s'éveille *ou* se réveille tous les jours à huit heures.

C'est parler mal sa langue que de négliger la pureté, la netteté, la propriété des expressions.

Cet homme unit la noblesse des sentiments à une érudition *ou* avec une érudition profonde (*a* est plus usité).

Il y a des personnes si peu raisonnables, qu'on ne peut en avoir de satisfaction de *quelque* manière qu'on agisse avec elles.

Pour faire des progrès dans une langue étrangère, il faut essayer à parler *ou* de parler le *plus tôt* qu'on le peut.

Quiconque met sa confiance en ses richesses *ou* dans ses richesses, *en* éprouvera *la* fragilité.

Cette enfant est si aimable qu'elle obtient de ses parents tout *ce qu'il lui plaît*.

La mort *égale* tous les hommes.

Je me donne de la peine pour en *épargner* à nos Français, qui, généralement parlant, voudraient apprendre sans étudier.

Il ne sert *de* rien aux hommes de chercher à comprendre l'infini.

C'est une pensée qui ne lui appartient pas; il l'a *empruntée* à Cicéron *ou* de Cicéron.

Les chagrins et les noirs soucis montent et s'asseyent *ou* s'asseoient avec les rois sur les trônes.

116e LEÇON. — Quand il ne faut être grand que quelques moments, la nature réunit toutes ses forces; et l'orgueil, pour un peu de temps, peut suppléer à la vertu.

Ces cierges ont été *bénits*.

.... De quel front cet ennemi de Dieu
Veut-il *infecter* l'air qu'on respire en ce lieu?

Les eaux de la Marne se mêlent *avec* celles de la Seine à une lieue au-dessus de Paris.

Les vues de cet orateur étaient si profondes et si clairement exprimées, que presque toujours la majorité se rangeait *à* son avis.

Un fallot *éclairait* mes compagnons dans leur marche nocturne.

Il *ne méritait réellement pas le* traitement qu'on lui a fait endurer.

La couronne murale se donnait chez les Romains à ceux qui *avaient monté* ou qui étaient *montés* les premiers sur les murs d'une ville assiégée.

Son mobilier seul a été apprécié vingt mille francs *ou* à vingt mille francs.

Cet arbre est si chargé de fruits, que ses branches en plient *ou* en ploient jusqu'à terre.

Vous avez failli le renverser *ou* à le renverser.

Napoléon était si bon physionomiste, qu'il lui suffisait de regarder quelqu'un *ou* de fixer les yeux sur quelqu'un pour le juger.

Son insolence le pousse jusqu'à insulter ceux mêmes qui lui ont fait du bien.

Je vous engage *à* lui écrire.

Cette joie bruyante insulte *à* la douleur profonde de leurs voisins.

Messieurs les secrétaires ayant *fait observer* à l'assemblée qu'elle n'était plus en nombre, la séance fut levée et renvoyée au jour suivant.

Entrez, madame, et prenez tout ce qui vous plaira (c'est-à-dire tout ce qui sera de votre goût) *ou* tout ce qu'il vous plaira. (Alors la phrase signifie tout ce que vous voudrez.)

Il ne *se* hasardera pas à s'embarquer *ou* de s'embarquer par un si mauvais temps.

117e LEÇON. — L'homme aime peu *à* parler et *à* réfléchir à son néant.

On a dit du génie de Newton qu'il n'était pas possible d'atteindre de plus près *à* la divinité.

Que de gens excellent à *colorer* leurs desseins, leurs projets, de manière à donner le change !

Après *avoir* longtemps disputé, après s'être adressé des injures, ces deux femmes ont fini par se réconcilier.

Le pape a le droit de présider les conciles *ou* aux conciles par lui ou par ses légats.

Un travail excessif *consuma* sa forte constitution, et il périt.

Dieu appela d'en haut son serviteur Abraham, de peur que l'idolâtrie *n'infestât* tout le genre humain, et *n'éteignît* tout à fait la connaissance de Dieu.

Je me range *au* sentiment de votre ami. — Il se rangea *du* parti de la ligue.

Ces jeunes personnes ont l'air *froid* et *hautain*.

Notre bonne contenance *imposa* aux ennemis.

> Et dans ce temps fécond sa divine influence
> Fait germer les vertus et *fleurir* l'innocence.

Les jeunes enfants prennent souvent plaisir à *jeter à terre* les objets qu'on leur donne.

C'est un fait que je me rappelle comme s'il venait d'avoir lieu ; vous le rappelez-vous également ?

118ᵉ LEÇON. — Caton unissait la vaillance à la sagesse *ou* avec la sagesse.

Sur les mille francs que je croyais vous payer, je ne puis vous donner que huit *cents* francs ; je suppléerai le reste dans quelques jours.

Éclairez monsieur, de crainte qu'il ne se heurte quelque part.

Les lois doivent protéger les droits de chacun ; mais elles ne peuvent *égaler* les hommes, l'industrie, l'esprit, les talents.

Nous avons résolu *de* partir demain. — Nous nous sommes *résolus à* partir bientôt.

Nous agissons avec la fortune comme un homme insatiable envers un protecteur puissant et généreux : *plus* elle nous accorde, *plus* nous lui demandons.

En quoi faites-vous consister le bonheur ? C'est *dans*

le bon usage seul de la fortune *que* se trouve le plaisir de la posséder.

Les ouvrages de l'homme ne peuvent guère se comparer aux œuvres *ou* avec les œuvres de la nature.

Malgré leur brouillerie, il n'a pas laissé que de lui écrire *ou* il n'a pas laissé de lui écrire.

On ne peut s'intéresser plus sincèrement à vous que ne le fait le prince *ou* que ne s'intéresse le prince.

Dieu mêle sagement *aux* douceurs de ce monde des amertumes salutaires.

Tous les enfants de cette famille sont d'un caractère difficile à plier *ou* à ployer.

Il ne sert *de rien* aux hommes de murmurer contre l'intempérie des saisons.

Il s'en faut *de* beaucoup que le nombre soit complet.

On tarda trop de l'en punir *ou* à l'en punir.

Cet enfant, étant tombé, *a saigné du nez.*

119ᵉ **LEÇON.** — C'est un guerrier qui *prodigua* son sang pour sa patrie, *témoin* les nombreuses cicatrices dont son corps était couvert.

Quoique jeune, elle sait déjà pincer la guitare et toucher le piano *ou* pincer de la guitare et toucher du piano. (Cependant, on dit plutôt pincer *de* la guitare, toucher *du* piano).

Quoique je ne sois pas *matineux*, je puis être *matinal.*

Pensez-vous qu'une telle conduite puisse faire dire de lui qu'il *a bien agi* avec eux ?

Télémaque voyant Mentor qui lui tendait la main pour *lui* aider à nager, ne songea plus qu'à sortir de l'île fatale.

C'est un élève qui aide souvent *à* ses amis de classe dans leurs devoirs.

Quoique vous ayez eu un temps bien rigoureux durant votre voyage, *je pense*, que vous l'aurez fait en bonne santé, et sans accident.

Cette toile, d'abord si claire, s'est *enforcie* ou *renforcée* en passant dans l'eau.

Il y a certaines plantes *ou* de certaines plantes dont les feuilles *fleurent* bon.

Il a changé sa maison de ville pour *ou* contre une maison de campagne et quelques terres.

Avant que la main des hommes eût sillonné la terre de canaux, et que les marais fussent *desséchés*, il existait d'épais brouillards qui *infectaient* l'air.

Votre jeune parente touche admirablement du piano, et marie agréablement sa voix à son instrument *ou* avec son instrument.

Il n'en sera de cette affaire que *ce qu'il* vous plaira.

S'il s'est servi d'une expression commune, il a su l'*ennoblir* par son style.

Par sa vertu, saint Louis suppléait *à* l'inégalité du nombre, et soutenait lui seul le poids de l'armée.

C'étaient de si honnêtes gens, que tout le monde s'accorde à dire qu'ils *ne méritaient pas* une telle disgrâce.

120ᵉ LEÇON. — Après les sots, il n'y a rien de plus *ennuyeux* que la lecture d'un livre sottement écrit.

La propriété qu'il veut vendre se trouve dans une vallée d'un excellent *fonds*.

Sa place l'assujettit *ou* l'assujétit à des travaux gênants.

L'*éruption* de ce volcan a été *précédée* d'un tremblement de terre.

Ce jeune homme *ne fait que de* sortir des écoles, et déjà il veut composer.

Il n'y a rien que les hommes *aiment mieux conserver*, et qu'ils ménagent moins que leur propre vie.

Le vent soufflait avec tant de violence, qu'il nous renversa *par terre*.

La faiblesse de la raison humaine empêche souvent de discerner le vrai du faux *ou* d'avec le faux, de distinguer le bon d'avec le mauvais *ou* du mauvais.

Aimer quelqu'un, c'est l'*égaler* à soi.

Imiter l'exemple de quelqu'un est une locution autorisée par l'Académie; Voltaire, Delille, Bossuet, Racine, Boileau et d'autres grands écrivains s'en sont *servis*.

On dit que les aigles *regardent fixement* le soleil sans en être *ébloui*.

Donnez-vous garde *ou* donnez-vous de garde d'avoir jamais affaire avec ce spadassin.

La plupart des faiseurs de systèmes insultent *à* la raison, *au* bon sens.

Cette jeune personne joint la grâce à la beauté *ou* avec la beauté, l'esprit avec la modestie *ou* à la modestie.

Sa voiture ne lui servant *à rien* dans ce moment, peut-être aura-t-il l'obligeance de vous la prêter.

121ᵉ LEÇON. — Ce n'est ni par l'intérêt, ni par la licence des opinions, que les états *fleurissent*, mais par la vertu et la gloire.

Envoyez-moi cette note, car je *désire l'acquitter* avant mon départ.

Personne ne peut mieux prétendre *aux* grandes places que ceux qui ont des talents.

Son insouciance est telle, qu'il n'est nullement inquiet des choses *ou* sur les choses qui le touchent le plus.

Les femmes des Caraïbes ont l'air plus *gai*, plus *riant* que les hommes.

Quelquefois les mulots et les vers blancs *infestent* tellement la campagne, qu'ils détruisent les récoltes.

On m'avait fait une telle description de Paris et de ses merveilles, que je *mourais du désir* d'y aller, de le voir.

Lui avez-vous *fait observer* qu'une des clauses de notre contrat s'oppose à ses prétentions?

Je ne me *rappelle* pas *de* lui avoir parlé de vous.

L'air composé des hypocrites *en impose*.

De combien s'en faut-il que vous n'ayez votre compte?

J'allai chez lui pour lui parler de cette affaire, mais je ne le trouvai pas.

Votre sœur unit les grâces à la beauté *ou* avec la beauté, la modestie au mérite *ou* avec le mérite.

Souvent dans les discussions, les injures *suppléent aux* raisons.

Là plupart des statuaires qui ont représenté Hercule l'ont fait gros et *membru*.

122ᵉ LEÇON. — Saint Louis *aimait à* chanter les louanges de Dieu et *à* rendre la justice.

Les mauvais écrivains de Rome sentaient bien qu'il était plus aisé d'éviter la bouffissure des orateurs d'Asie, que *d'atteindre à* l'éloquente simplicité de Démosthène.

C'est un homme d'honneur, et dans la droiture duquel *ou* en la droiture duquel vous pouvez avoir pleine confiance.

Après tant de fatigues, nous aperçûmes enfin une chaumière où, après nous être *séchés*, nous *soupâmes de* beurre et *de* lait.

C'est sans le vouloir que je vous ai fait attendre ; je vous en *demande pardon*.

N'*invectivez* jamais *contre* un absent, quelque motif de plainte que vous ayez contre lui.

Il faut à son état plier *ou* ployer son caractère.

Eclairez monsieur jusqu'au bas de l'escalier.

On rencontre proportionnellement dans les grandes villes beaucoup plus de gens déhontés *ou* éhontés que dans les campagnes.

Le *fond* de cette histoire peut être vrai, mais les détails en sont fabuleux.

Nous nous *en serions allés* beaucoup *plus tôt* si le temps nous l'eût permis.

Il n'y a point de comparaison entre la clarté du soleil et celle de la lune, *ou* il n'y a point de comparaison *de* la clarté du soleil *avec* celle de la lune.

La mort ne surprend pas l'homme vertueux, il est toujours *prêt à* partir.

Quelle somme *ou à* quelle somme a-t-on apprécié les travaux qu'on a *exécutés* cette année ?

On le contraignit de partir *ou à* partir.

Il est à craindre qu'ils ne vident ce *différend* par les armes.

125ᵉ **LEÇON**. — Les enfants les plus aimables *mêmes* sont parfois bien *ennuyants*.

Veuillez les voir et *les assurer* que nous n'oublierons jamais les services qu'ils nous ont *rendus*.

Comme leurs amis *leur assuraient* que ces bruits étaient fondés, ils prirent leur parti.

C'est un homme qui sait mêler à propos la douceur à la sévérité.

De tels arguments seraient irrésistibles, sans doute, s'ils avaient une base solide; mais je vous *ferai observer* qu'ils reposent sur une hypothèse.

Les supplications, les larmes de ces malheureux ne leur *servirent de rien*; ils furent massacrés.

Cette dame arriva *tout en sueur*, *tout en eau*.

Il invoquait les dieux *à témoin* de son innocence.

Dans toutes les classes de la société, les femmes, en général, sont moins *matineuses* que les hommes.

Il faut un grand *fonds* de science, un grand *fonds* d'esprit pour occuper cette chaire.

Les dix mille francs qu'il a *rendus*, il les a *empruntés* de son oncle *ou* à son oncle.

Que de gens n'*insultent les autres* que parce qu'ils les croient faibles!

On craint la vieillesse, quoiqu'on ne soit pas sûr de *l'atteindre*.

Les images *coloriées* sont celles qui plaisent *le plus* aux enfants.

C'est un homme qui *consomme* à lui seul plus que trois autres ensemble.

124ᵉ **LEÇON**. — J'espère, mon cher fils, que vous mettez en pratique les bons conseils que vous a *donnés* votre oncle, et que vous en faites votre profit.

Je dois beaucoup sans doute au souci qui t'amène,
Mais enfin tu pouvais *t'épargner* cette peine.

Ces dames ont l'air bien faites et légères, *ou mieux* ont l'air d'être bien faites et légères.

C'est un serviteur qui remplit tellement ses devoirs,

qu'il *ne mérite pas* qu'on lui fasse les moindres reproches.

Dieu nous défend de *mal parler* de notre prochain.

Combien, avant de mourir, cette pauvre mère n'a-t-elle pas *désiré de* voir son fils.

Il n'y a point d'homme qui ait assez d'esprit pour n'être jamais *ennuyant*.

Il a failli tomber *ou* à tomber.

Nous parlâmes de cet événement comme nous aurions fait de *toute* autre chose, *ou* comme nous aurions parlé de *toute* autre chose.

Plus on regarde *ou* plus on examine ce tableau, plus on y découvre de beautés.

L'ignorance toujours est *prête* à s'admirer.

Soyez assez bon pour joindre mon paquet au vôtre *ou* avec le vôtre.

Les flammes commençant à gagner notre appartement, et le péril étant *imminent*, nous prîmes le parti de sauter par les fenêtres.

Les nouveaux *anoblis* sont souvent plus fiers que les anciens nobles.

Ces arbres sont longs à croître *ou* lents à croître.

Ce sont des hommes si estimables que, comme nous, beaucoup de gens *les* ont *aidés* à établir leur crédit et à former leur maison.

On ne dirait pas que cet homme si bien portant et si ingambe, est sur le point d'*atteindre sa* quatre-vingtième année.

125e LEÇON. — C'est une grande place qu'il suffirait d'*égaliser* pour en faire une promenade agréable.

Dans le cours de cette dernière année, ces élèves se sont bien *renforcés* en mathématiques.

Le roi, dit-on, *mariera* son fils à une princesse *ou* avec une princesse de la cour d'Allemagne.

Veuillez ne point me *mêler dans* vos propos peu bienveillants.

Seigneur, n'attirez point le tonnerre en ces lieux,
Rangez-vous *du* parti des destins et des dieux.

C'est un honnête homme *qui ne mérite nullement les* reproches qu'on lui a *faits.*

L'ignorant n'est pas *capable* d'entendre les choses élevées : on n'est propre à rien quand on n'a pas cultivé son esprit.

C'est une parole que nous ne laissâmes pas *tomber à terre.*

Ce vieillard *succombe sous* le poids des années. — Il a *succombé à* une attaque d'apoplexie.

L'âme ne doit point être assujettie *ou* assujétie au corps.

Avant de mourir, ce vieillard a *béni* ses enfants.

Sous le règne de ce prince, le commerce et les arts *fleurissent.*

Il est pauvre, mais il ne laisse pas d'être *ou* que d'être honnête homme.

Je me hasarderai à présenter *ou* de présenter moi-même ma supplique au roi.

126e **LEÇON.** — Il faut, autant que possible, habituer les enfants à l'ordre, en leur *faisant observer* que rien ne contribue plus à l'économie et à la propreté que de tenir chaque chose en sa place.

Quoiqu'elle soit étroite, cette rue est très-*passante.*

Sa fortune est assez considérable pour lui permettre d'acheter tout *ce qu'il lui plaît.*

Maintenant qu'il fait doux, et que nos fourrures ne nous *servent plus à rien,* il faut les envelopper.

Les qualités du cœur *suppléent à celles* de l'esprit, et en produisent en partie les effets.

Ces enfants ont l'air *instruits* pour leur âge, *ou* l'air d'être instruits, *ou mieux* paraissent instruits.

C'est un administrateur qui ne brille pas par la parole; mais en revanche il possède un grand *fonds* de raison, un grand *fonds* de probité.

Cet accusé *insulte aux* magistrats par sa contenance et ses gestes.

Choisissez, madame, prenez ce qu'il vous plaira (c. à d. ce que vous voudrez), *ou* ce qui vous plaira (c. à d. ce qui sera de votre goût).

Les anciens *consumaient* les cadavres de leurs parents pour en conserver la cendre.

Ne l'accusez pas d'une action *si* noire et *si* contraire à ses principes; c'est, je vous *l'assure*, l'homme le plus honorable qu'il y ait.

Flairez cette fleur étrangère, et dites-moi si *le parfum n'en* est pas plus suave encore que celui de la rose.

127ᵉ **LEÇON.** — Nous sommes plus *près* d'aimer ceux qui nous haïssent que ceux qui nous aiment plus que nous ne voulons.

Quand je lui ai parlé de cette circonstance, il avait l'air de ne plus *se la rappeler*.

Y a-t-il rien de plus *ennuyeux* qu'un sot qui veut faire le plaisant?

Quoiqu'il les eût *assurés* qu'ils pouvaient compter sur son dévouement, il ne fit rien pour eux.

Les avares soupirent sans cesse après les richesses *ou* pour les richesses, et les ambitieux pour les honneurs *ou* après les honneurs.

On tarda trop à porter *ou* de porter secours à cette place, aussi succomba-t-elle *sous* les attaques de l'ennemi.

Nous n'*atteindrons* pas *le* sommet de la montagne avant deux heures.

C'est un artiste qui dessine bien, mais qui colorie mal.

Il y a des fripons qui savent si bien se contrefaire, qu'il est difficile de les distinguer de *ou* d'avec les honnêtes gens.

Occupons-nous de cette affaire aujourd'hui même, afin de nous épargner la peine d'y penser plus tard.

Le hasard nous ayant *placés* l'un près de l'autre, nous nous sommes *regardés* sans nous reconnaître d'abord.

Ils ne se voient plus depuis le différend qu'ils eurent en votre présence.

De combien de mauvaises doctrines n'a-t-on pas cherché dans ces derniers temps à *infecter* le peuple!

128ᵉ **LEÇON.** — Le plus heureux des hommes est

celui qui joint l'esprit à *ou* avec la raison, la douceur à *ou* avec la bonté, la patience au courage *ou* avec le courage.

Voilà une maison qui *a l'air d'être* solidement construite.

Il s'en faut beaucoup que Voltaire ait dans le style le nerf de Rousseau, et dans les idées la même profondeur.

Après que les princes *s'en furent allés* du bal, les salons se dégarnirent peu à peu.

Quand il dort, le moindre bruit l'éveille *ou le réveille.*

Souvent on voit des hommes politiques abandonner leurs principes pour *se ranger d'un parti* qu'autrefois ils combattaient.

Turenne unissait la prudence à la hardiesse *ou* avec la hardiesse.

On dit d'un homme dont les membres sont bien proportionnés, qu'il est bien *membré;* et d'un autre dont les membres sortent des proportions, qu'il est *membru.*

Les femmes des halles *insultent tout le monde;* assez souvent, même, elles *insultent à* la misère des gens.

La garance *colore* en rouge les os des animaux qui s'en nourrissent.

Il *alla* leur demander pardon de les avoir outragés.

Il résolut *de* quitter cette ville. — Il se résolut *à* faire ce sacrifice.

Sa maladie finit par une éruption qui lui couvrit tout le corps.

129ᵉ **LEÇON.** — Il faut être né monstre pour *mal parler* de ceux qui nous ont fait du bien.

De vingt sacs de blé que mon fermier doit me rendre chaque année, il ne m'en a encore livré que quinze sacs; mais il doit *suppléer les cinq autres* dans quelques semaines.

Les fruits mûrs tombent d'eux-mêmes *à terre.*

Les sots sont *d'ennuyeux* personnages.

Quel motif vous force donc à être, contre votre ordinaire, si *matinal* aujourd'hui?

Rome *près de* succomber se soutint par la constance du sénat.

Il se donna bien garde *ou* de garde de se présenter.

Il est des contemplations qui épurent et *ennoblissent* l'âme.

Je vous engage à faire *ou* de faire cette démarche.

C'est insulter *au chef* de l'état que de le peindre sous une figure grotesque.

Il y a dans les maximes de l'évangile une noblesse, une élévation *à laquelle* les cœurs vils et *rampants* ne sauraient atteindre.

Que de regrets, que de repentirs amers attendent les enfants qui *consument* leur temps dans l'oisiveté !

Il suffit de fréquenter *de* mauvais sujets pour se trouver mêlé *dans* des affaires fort désagréables.

Vous rappelez-vous *de* lui avoir écrit en ces termes ?

Je ne suis point inquiet de cela *ou* sur cela.

Cette pauvre mère a succombé *à la douleur* d'avoir perdu son fils.

CHAPITRE XX.

RÉCAPITULATION GÉNÉRALE, *ou exercices sur tous les principes de la* GRAMMAIRE.

130e **LEÇON.** — Il y a plus de trois cents ans que ses *aïeux* furent *anoblis*.

Les moyens généraux par lesquels nous pouvons agir sur les sens d'autrui se bornent à deux : c'est le mouvement et la voix.

Les anciens chantaient des hymnes *faits* en l'honneur de leurs dieux.

Les hommes *ne sont distingués* des autres animaux que par l'intelligence, que quelques-uns cultivent, et que le plus grand nombre *néglige* : il semble qu'ils *veuillent* renoncer à ce qui les sépare de la brute.

Les gens qui craignent *le plus* de mourir sont ceux qui ont *le plus* mal vécu.

Étaient-ce vos frères qui vous faisaient appeler?

Instruits par l'expérience, les vieilles gens sont peu confiants, soupçonneux (1).

C'est une vertu qu'il a héritée *ou* dont il a hérité de ses pères.

Le Panthéon est un des monuments les plus remarquables de Paris; on *en* admire l'architecture, la hardiesse, les proportions, l'élégance.

Tout éclairée qu'elle était, cette femme distinguée tomba dans *de* grandes méprises.

Je ne saurais trop vous dire ce qu'ils sont *devenus*.

La nature semble avoir distribué des talents divers aux hommes pour leur donner à chacun *leur* emploi, sans égard à la condition dans laquelle ils sont *nés*.

Nous ne resterons pas plus de huit jours sans recevoir *des* nouvelles (2).

131ᵉ **LECON.** — L'envie, de même que toutes les autres passions, *est* peu compatible avec le bonheur.

C'est une proposition qui ne sera pas faite sans rencontrer *de l'opposition*, *ou mieux* qu'*on ne fera* pas sans rencontrer de l'opposition.

M. de Turenne a eu tout ce qu'il *faut* pour faire un des plus grands capitaines qui *furent* jamais.

Il n'est pas toujours facile de distinguer l'honnête homme de l'hypocrite *ou* d'avec l'hypocrite.

Avant Pierre-le-Grand, *il sen fallait beaucoup* que la Russie *fût* aussi puissante.

Il faut instruire et former le cœur de *nos* enfants, de peur qu'ils *ne* nous humilient par leur ignorance, ou qu'ils *ne* nous déshonorent par leurs déréglements.

Il craint que vous *ne l'oubliiez*.

Nous ne craignons pas que vous l'*oubliiez*.

Les procès des particuliers durent quelquefois *plus* que les querelles des nations.

(1) Quoique *instruits* soit avant *gens*, nous le laisserons au masc. parce qu'il y a une inversion: en effet, c'est comme si l'on eût dit: *les vieilles gens instruits par....*

(2) C'est-à-dire, *dans huit jours nous recevrons* DES *nouvelles*.

Plus on exerce la vertu, *plus* elle devient *chère.* — Toute belle *qu'est* cette propriété, *tout* agréable qu'en est la position, vous l'estimez trop *cher*.

Nous sommes fort inquiets du résultat *ou* sur le résultat de cette affaire.

Les Romains ne vainquirent les Grecs que par les Grecs *mêmes.*

C'est une nouvelle que nous apprîmes avec une satisfaction, avec une joie bien *vive*.

152ᵉ LEÇON. — Aristide et Périclès *imposaient autant* par la gravité de leur maintien que par la force de leur éloquence.

Imitez ceux dont les *principales* délices sont de faire du bien.

On ne doit *invectiver* que *contre* le vice.

Il y a un tour à donner à tout, *même* aux choses qui en paraissent *le moins* susceptibles.

> *Quelques* vains lauriers que promette la guerre,
> On peut être un héros sans ravager la terre.

Le langage distingue les nations *entre elles*, et on ne connaît d'où est un homme qu'après *qu'il a parlé*.

Combien de siècles se sont *écoulés* avant que les hommes *aient pu* représenter le simple et le naturel !

On me *mêle dans* tous leurs propos, quoique j'y sois tout à fait étranger.

Les événements extraordinaires que nous avons *vus* s'accomplir n'ont point été *suivis* de ces réactions terribles qui ont ensanglanté la plupart des révolutions.

Alors seulement, et ni *plus* tôt ni plus tard, ce que les philosophes n'ont osé tenter, ce que les Juifs, lorsqu'ils sont été *le plus* protégés et *le plus* fidèles, n'ont pu faire, douze pêcheurs envoyés par Jésus-Christ, et témoins de sa résurrection, l'ont accompli.

Les architectes modernes font rarement des *abat-jour* aux fenêtres de leurs constructions.

L'indulgence est une bonté d'âme qui nous porte à excuser les torts d'autrui, *à* tolérer leurs défauts, à pardonner leurs égarements ou leurs offenses.

6

133ᵉ LEÇON. — Il n'y a *des* détracteurs de la litté
rature des siècles qui nous ont *précédés*, que parce qu'il
est difficile aux écrivains modernes *d'atteindre au* méri
d'auteurs tels que les Corneille, les Racine, les Voltair
les Rousseau.

Il me reste un souvenir confus d'avoir *pris une note*
cet envoi d'argent, mais je l'ai égarée ; *ou mieux : je m*
rappelle d'avoir pris note de cet envoi d'argent, ma
j'ai égaré ce souvenir.

De toutes les langues de l'Europe, la langue français
doit être *la plus* généralement répandue, parce qu'ell
est *la plus* propre à la conversation.

Quelqu'un a dit que le soleil *est* l'âme du monde.

Comme *ce sont* les grands qui ont donné du crédit
l'impie, c'est à eux *de le dégrader et de le confondre*

S'ils sont enfin *venus* à bout de leur dessein, ce n'es
pas sans avoir rencontré *des* difficultés, ce n'est mêm
pas sans avoir eu *du* chagrin.

Les hommes ne savent point comment les idées s
forment dans leurs cerveaux *ou* dans leur cerveau, *n*
comment elles se succèdent *les unes aux autres.*

Il ne sert de rien de taire un secret lorsqu'on le montre

L'histoire est pleine de vieux capitaines *battus* par de
jeunes soldats.

C'est alors que *florissait* la ville de Rome.

Il n'y a que le roi *qui puisse anoblir* une famille.

Assurez-le de mes sentiments respectueux.

Dans la crainte que nous ne nous *trompassions*, et que
nos pas ne *devinssent* inutiles, on nous donna un guide
qui nous conduisit où il importait que nous *fussions* pour
jouir du coup d'œil qu'on a de ce point.

134ᵉ LEÇON. — Beaucoup d'hymnes qu'on chante
dans nos églises ont été *composées* par Santeuil.

Quoique cette propriété nous *revienne* à bon marché,
nous n'avons pu la revendre *sans éprouver de la perte.*

C'est une nouvelle qu'il apprit *sans en témoigner de*
surprise.

Dans les premiers temps, les hommes n'ayant d'autre
arbitre que la force, se croyaient les ennemis les uns des

autres : c'était leur faiblesse et leur ignorance qui leur donnait cette opinion.

Votre ami ayant obtenu deux cents voix sur trois cents, a été élu député.

Ces édifices que nous avions vu élever à si grands frais et avec tant de soins, nous les avons *vus* devenir la proie des flammes; nous les avons vu détruire en quelques instants.

On ne peut aller loin dans l'amitié, si l'on n'est pas disposé à se pardonner mutuellement les petits défauts.

Dans cette circonstance il a manqué aux égards que l'on se doit *les uns aux autres*.

On l'a obligé de payer *ou* à payer dans un court délai.

Il n'y aurait pas de flatteurs, s'il n'y avait pas d'hommes qui *aimassent* à être *flattés*.

Combien de fois n'avons-nous pas *béni* le ciel de nous avoir si visiblement *protégés*.

C'est de l'âme avant tout *que* dépend notre destinée.

La noblesse donnée aux pères, parce qu'ils étaient vertueux, a été *donnée* aux enfants, afin qu'ils le *devinssent* (1).

Il ne nie pas qu'il ait *ou* qu'il n'ait tenu ce propos.

Je me souviens que toi seul *osas* conserver ton indépendance.

155e LEÇON. — Les bienfaits *mêmes* veulent être *assaisonnés* par des manières obligeantes.

Quand je vois d'aussi criantes injustices, je ne puis pas me taire *ou* je ne puis me taire.

Voilà des raisins qui n'ont pas l'air *d'être* murs et une terre qui n'a pas *l'air d'être* fertile.

Le deuxième, *le* quatrième et *le* sixième *livre* de l'Énéide sont trois grands morceaux regardés universellement les plus finis, les plus complétement beaux, que l'Epopée ait produits chez aucune nation.

---

(1) Il faut *devinssent*, si, dans le moment où l'on parle, il est question d'une vertu déjà acquise par les enfants; il faudrait *deviennent*, si, au contraire, il s'agissait d'une vertu à acquérir. (Voyez dans la *Grammaire* les n°. 524, 525 et 526.)

Nous avons fait route avec des villageois, *tous* aimable
gens s'il en fut.

Toutes ces vilaines gens *animés* par la vengeance fai
saient entendre des cris de mort.

Les enfants des Égyptiens, en voyant les corps d
leurs ancêtres, se *rappelaient leurs vertus*, que le publi
avait *reconnues*, et s'excitaient à aimer les lois que ce
ancêtres leur avaient *laissées*.

Ils *sont demeurés court* dès le commencement de leu
discours.

Je lui *fis* observer que ce passage impliquait contra
diction, et aussitôt il le corrigea.

Il y a des avares qu'il faut que la nécessité prenne à l
gorge pour *qu'ils entament* leurs trésors.

Nous ne *pardonnons* dans les autres *que* les faiblesse
que nous avons nous-mêmes, et nous taxons presque d
vices celles que nous n'avons jamais *éprouvées*.

Quelque absurdes que soient ces nouvelles, il y a néan
moins quantité de gens qui *les* croient.

N'ajoutez pas trop de confiance en ses paroles; c'es
un homme qui se gêne peu pour *en imposer*.

136e LEÇON. — La Grèce, toute polie, toute sage
tout éclairée qu'elle était, avait admis les cérémonie
des dieux immortels et *même* leurs mystères impurs.

Ce n'est pas aux âmes vulgaires *de* juger de la conduit
des héros.

Quels sont les princes, les ministres, les simples par
ticuliers *même* qui n'*aient* pas à se reprocher *des* fautes

Ni le bonheur ni le mérite seul ne *font* l'élévation de
hommes.

Sa mémoire est telle, qu'il apprend toutes ses leçon
en une *demi*-heure. — Quoiqu'il commence seulemen
de s'appliquer à ses leçons, *dans* une *demi*-heure il le
saura.

La même justesse d'esprit qui nous fait écrire *de* bon
nes choses, nous fait appréhender qu'elles ne le soien
pas assez pour mériter d'être *lues*. Il y a *de* petits défaut
que l'on abandonne volontiers à la censure, et dont nou

Laissons pas à être *raillés* : *ce sont* de pareils défauts
e nous devons choisir pour railler les autres.
Un des accusés ne niait pas précisément qu'il connût
qu'il ne connût le principal coupable ; mais il niait
sûvement *qu'il l'eût vu* depuis plusieurs mois.
Après deux jours de marche cependant, nous traver-
mes plusieurs villages dont la plupart *étaient couverts*
paille ; d'autres en tuile *ou* en tuiles, et quelques-uns
ardoise *ou* en ardoises.

Vous me pourriez sans doute épargner quelque peine,
Si vous vouliez avoir l'âme toute romaine.

Toute langue étant imparfaite, il ne s'ensuit pas
l'on *doive* la changer. Il faut absolument s'en tenir
à manière dont les bons auteurs l'ont *parlée* ; et *quand*
a un nombre suffisant d'auteurs *approuvés*, la langue
t *fixée*.
Il *aime à* parler éternellement de son pays.

137e LEÇON. — Il n'y a point d'homme qui ne fasse
s fautes.
Un des *arcs-boutants* étant tombé, la voûte s'est en-
ouverte.
La loi de la mort rend tous les hommes égaux ; leurs
ms sont *rassemblés* dans l'urne fatale, d'où le sort les
re indifféremment.
Cette jeune personne a pour ses frères et *ses* sœurs la
ndre et constante amitié d'une mère.

On me porta dans le logis voisin,
Près *d'expirer* de douleur et de faim.

L'eau qui tombe *constamment* goutte à goutte par-
ient à *consumer* la pierre.

Vous souvient-il au moins que je suis la première
Qui vous *ait* appelé du doux nom de père.

Du temps de Moïse, on montrait encore les tombeaux
ù reposaient les cendres *bénites* d'Abraham, d'Isaac et
e Jacob.
Nous avons *déjeûné d'une couple* de pigeons.

Ne vous hasardez pas de l'attaquer *ou* à l'attaquer.

De tout temps les hommes, pour quelque morceau de terre de plus ou de moins, sont *convenus* de se dépouiller, *de* se brûler, *de* se tuer, *de s'entr'égorger*; et pour cela ils ont inventé *de* belles règles qu'on appelle l'art militaire : depuis *quelques* siècles surtout, ils ont enchéri sur la manière de se détruire réciproquement.

Je crains qu'il *ne* se ruine s'il se *jette* dans ces spéculations.

Son cheval l'a renversé *par* terre, l'a jeté à terre.

138e LEÇON. — L'intérêt personnel et l'intérêt public se confondent si bien dans nos cœurs, que notre conscience même s'y méprend.

Cela ne pèse guère que trois *à* quatre livres.

Cette jeune personne s'est *plainte* avec une douceur qui a encore ajouté aux torts qu'on a *eus* à son égard.

Nous lui avons écrit afin qu'il se *trouve* ici mardi prochain pour soutenir ses droits.

Je lui ai écrit aujourd'hui, quoique je *pense* le voir dans quelques jours.

Ne faites aux autres que ce que vous voudriez raisonnablement *qu'il* vous *fût* fait à vous-même (1).

Plus d'un soldat *périt* pour s'être témérairement exposé.

Nous les avons *aidés* toutes les fois que quelque embarras les a *forcés* de recourir à nous.

Nos annales n'ont pas même daigné compter les années de la vie des rois fainéants; il semble que, n'ayant pas *régné* eux-mêmes, ils n'*aient* pas vécu; et ils sont plus connus par les grands hommes qui ont existé sous leur règne que par eux-mêmes.

Que de gens à qui la moindre difficulté, le plus petit travail, un rien *donne* du souci.

Il ne tient à rien que je *ne* lui fasse affront.

Les humbles, en dominant leur amour-propre, éprou

(1) Ce relatif *qui*, qu'on trouve partout où se lit cette belle maxime, est une faute; il faut le remplacer par *qu'il* : nulle part on ne peut dire : *je veux* QUI.

vent des douceurs que le méchant n'a jamais *goûtées*, et dont il *rejette* l'idée.

Il importait que sur-le-champ on *requît* la force armée, et qu'on *intervînt* dans ce démêlé, où il y avait à craindre que plusieurs personnes ne *succombassent*.

139e LEÇON. — Le nombre considérable de curieux qu'avait *attirés* la solennité de cette cérémonie *augmentait* de minute en minute, et *forma* bientôt une masse compacte.

Les rois, du haut de leur trône *ou* du haut de leurs trônes, et toujours *entourés* de luxe, ne peuvent guère apercevoir la misère des peuples : la distance est trop grande.

La somme qu'il me devait est *plus d'à moitié* payée.

Ne sacrifiez jamais la réputation de personne au désir de dire *des bons mots*.

Les Anglais *consomment* beaucoup de thé.

Ni vous ni nous ne *sommes* heureux.

La conduite qu'ils ont *tenue*, le talent qu'ils ont déployé, les ont *ennoblis* aux yeux de tout le monde.

Je ne désire pas *des* biens que je ne pourrai sentir. *Eh! que* m'importe, après ma mort, que je sois couché sur le roc ou dans la tombe des rois!

Il *assure à* tout le monde que son procédé est infaillible.

L'air noble et grave de Napoléon *imposait* aux généraux mêmes qui avaient été ses amis d'enfance.

Certaines gens peu sensés se laissèrent prendre à ce piége tout grossier qu'il était.

On compte pour rien les éloges *donnés* aux souverains pendant leur règne, s'ils ne sont *répétés* sous les règnes suivants; c'est là que la postérité les dégrade, ou qu'elle leur conserve la place que leur a *value* leur vertu plus encore que leur puissance.

Malgré le bien qu'ils lui ont fait, *il agit* mal avec eux.

140e LEÇON. — Il est *certains* gens de lettres que l'éminence de leurs talents a *élevés* aux premières dignités de l'état.

Cette proposition a passé sans rencontrer d'opposition

Les *arrière-boutiques* de Paris sont la plupart obscures et malsaines.

Il n'y a que ceux qui sont méprisables qui *aient* la crainte d'être *méprisés*.

Vous ne serez jamais savant à moins que vous *n'étudiez*.

J'appelle projet bien conçu celui dont toutes les parties ont *entre elles* une correspondance étroite et nécessaire et dont toutes les roues, *quelque* nombreuses qu'elles soient, dépendent d'un seul ressort.

Dans cet état de choses, vous n'avez d'autre moyen *ou* vous n'avez pas d'autre moyen de sortir d'embarras.

Pour tout homme qui met assez de tempérance dans ses désirs pour ne pas souhaiter que le temps s'écoule vivre et jouir sont ou c'est la même chose.

Quels que soient les chicanes et les embarras qu'on lui suscite, *quelque* cachées et dangereuses que soient les manœuvres de ses adversaires, son bon droit, son habileté le fera sortir victorieux de la lutte.

Les enfants ont des joies immodérées et des affliction amères sur de petits sujets; ils ne veulent point souffrir de mal, et ils aiment à en faire; *ce sont* déjà de hommes.

Tout *sort* du sein de la terre *et y rentre.*

Le général n'engagea pas ses troupes dans un passag si *ou* aussi difficile, sans prendre *des* précautions.

Fénelon est le seul qui *ait parlé* la langue qu'il a *créée*

Sans ce contre-temps, ils *s'en seraient allés* plus tôt.

141ᵉ LEÇON. — Les âmes les plus nobles ne sont pa toujours celles qu'on comprend *le mieux.*

Ils ne persuadèrent personne *quelque* éloquents qu'il *fussent.*

Une foule d'écrivains *se sont plu* à recueillir ce qu les femmes ont fait de plus éclatant.

Quoique sa traduction ne soit pas sans mérite, ell est loin *d'atteindre à* l'énergie de l'original.

César et Pompée avaient chacun leur mérite, mai *c'étaient* des mérites différents.

Maintenant il ne disconvient plus qu'il a fait *ou* qu'il ait fait *ou encore* qu'il ait fait cette promesse.

Parler beaucoup et dire peu, *imposer* par un maintien grave et avantageux, se dérober aux regards pénétrants, étaler à propos quelques connaissances superficielles, constituent *ou* voilà ce qui constitue tout le mérite d'une foule de gens qu'on décore du nom de *savants*.

Le mérite des hommes, aussi bien que les fruits, *a* sa raison.

Nous sommes deux qui *refusons* notre assentiment à cet acte.

La vie est un sommeil. Les vieillards sont ceux qui ont *dormi* le plus longtemps; ils ne commencent de se réveiller *ou encore* de s'éveiller que quand il faut mourir.

On les a *accablés* de si fortes raisons, qu'ils sont *demeurés court*.

La longue et la courte vie sont *égalées* par la mort, parce qu'elle les efface toutes également.

Nous nous *consolons* souvent par faiblesse des maux dont la raison n'a pas la force de nous consoler.

Quelque fondées que soient vos réclamations, ne vous jetez pas dans un procès sans consulter *des* hommes de loi.

Je tremble qu'il *ne* revienne sur ses pas.

142ᵉ **LEÇON** — Dans le monde intelligent comme dans le monde politique, le plus grand nombre des hommes *a été destiné* par la nature à être peuple.

Nous avons pensé que de nous tous tu es le seul qui *puisse* embrasser toutes les difficultés de ce cas.

L'esprit s'use comme tout autre chose : les sciences en sont *les* aliments, elles le nourrissent et le *consument*.

Le mauvais temps empêcha que nous *ne* fissions la promenade que nous avions *projetée*.

Les précautions ne servent *de rien* où Dieu commande.

Le véritable sens de ce passage avait échappé *ou* était échappé à tous les traducteurs.

Des pleurs involontaires et abondants s'échappère
de ses yeux.

Un auteur très-souvent a passé des veilles et ruiné
santé pour être *en definitive* sifflé et bafoué.

L'empereur Antonin est un des meilleurs princes q
aient régné.

C'est un auteur long à composer *ou* lent à con
poser.

Il est des belles âmes qui semblent *nées* avec tout
les lumières que d'autres n'ont *acquises* que par l'exp
rience, semblables à cette déesse qui sortit *tout* arm
du cerveau de Jupiter.

On nous a *cités* comme *témoins* dans cette affaire.
On nous prit tous à *témoin.*

Le souvenir de la jeunesse est tendre dans les viei
lards : ils aiment les lieux où ils l'ont *passée ;* les perso
nes qu'ils ont commencé *de* connaître leur sont *chère*
ils affectent quelques mots du premier langage qu'i
ont parlé.

Ils ont failli périr *ou* à périr.

On s'aperçut bientôt qu'il ne mettait plus autant d'a
tivité qu'il faisait autrefois *ou* qu'il en mettait autrefoi

145ᵉ LEÇON. — *Ce sont* précisément là les circo
stances que j'ai *entendu* souvent rappeler par votre fe
mère.

La comédie est faite *pour qu'on rie.*

Lequel est préférable, dans un conseil, *de* l'homn
hardi ou *de* l'homme timide ?

On craint que ce ne soit un commencement *d'érupti*
de la petite vérole.

Les hommes en un même jour ouvrent leurs âmes
leur âme à *de* petites joies, et se laissent dominer p
de petits chagrins : rien n'est plus inégal et moins sui
que ce qui se passe en si peu de temps dans leurs cœu
ou dans leur cœur et dans leur esprit.

Il est extrêmement rare qu'on lise un volume tout e
tier, et *quelque* petit qu'il soit, sans y trouver *des* fau
tes (1).

_____

(1) C'est-à-dire qu'on *y trouve des fautes.*

La Champagne est une province de France *ou* une province française.

— Telle est son humeur acariâtre, qu'on ne saurait rien faire *sans qu'elle y trouve* à redire, *sans qu'elle gronde avec emportement.*

Non-seulement les éclipses de soleil et les éclipses de lune sont *prévues*, mais encore *on en marque la* grandeur, *le* temps et *la* durée.

Qui ne sait point aimer n'est pas digne *qu'on l'aime.*

Combien a été appréciée *ou* à combien a été *appréciée* sa propriété.

Dans certains pays chauds où il ne pleut presque jamais, les rosées de la nuit *sont* si abondantes, qu'elles *suppléent à la* pluie.

Les *auto-da-fé* sont des supplices qui révoltent l'humanité.

C'est un homme si faux, que je crains qu'il *ne* vous trompe. Cet autre, au contraire, est si délicat, que nous ne craignons nullement qu'il vous fasse le moindre tort.

144e LEÇON. — Le plus digne objet de la littérature, le seul même qui *l'ennoblisse*, c'est son utilité morale.

Mon cheval m'ayant *jeté à terre*, je me suis fait de fortes contusions.

Quelque bien écrits que soient ces ouvrages, ils ont peu de succès.

Il dormirait jusqu'à midi, si on ne l'éveillait *ou* si on ne le réveillait.

Il y a plus de trois ans qu'il *ne nous écrit pas;* et il y a tout aussi longtemps que nous ne lui avons écrit nous-mêmes.

Les hommes *déterminés* à mourir *plutôt* que de se déshonorer, *imposent* à la calomnie par leur courage.

Ces deux élèves *s'aident l'un l'autre.*

La sagesse n'a rien d'austère *ni* d'affecté; elle sait mêler les jeux et les ris *aux* occupations graves et sérieuses.

La paresse et la débauche *conduisent* une foule de familles à la misère.

La géographie et l'histoire se prêtent *fréquemment* des lumières.

Nous n'avions *de* rapports ensemble que ceux auxquels nous obligeaient respectivement nos fonctions.

Il semblait qu'ils *eussent* perdu courage, mais ils déployèrent une bien grande énergie dans la campagne qui suivit leur déroute.

Il n'avait pas fait froid jusqu'aujourd'hui *ou* jusqu'à aujourd'hui.

Il semble, d'après ce que disent beaucoup d'auteurs, que les *premières* orgues *aient* une origine très-ancienne ; et tous les historiens conviennent que *le premier* qui parut en France est celui dont l'empereur Constantin Copronyme fit présent, en 757, au roi Pépin.

145° LEÇON. — Son talent, sa constance, sa prudence *ont vaincu* la difficulté.

Depuis cet heureux moment, mon repos, mon bonheur *semble* être affermi.

Le peu de soins que vous avez *apporté* à faire votre avant-dernière lettre se *décèle* encore dans celle-ci.

La victoire demeura longtemps douteuse entre les deux peuples, et les Romains furent *près de* céder.

Ce titre, pour vous inutile, a pour lui une grande importance, *rendez-le-lui* ou *laissez-le-moi*; je me charge de le lui faire tenir.

Il m'a été impossible, *quoi que* j'aie fait, de rendre cette explication plus courte, plus claire *et* plus exacte.

C'est nous qui les premiers *eûmes* connaissance de ces événements.

Je ne doutai plus dès lors qu'il *n'eût agi* dans des vues criminelles.

Il s'en faut beaucoup que l'innocence trouve *autant de* protection que le crime.

> Oui, je sais qu'entre ceux qui t'adressent leurs veilles,
> Parmi les Pelletiers on compte des *Corneilles*.

Il n'y a qu'un très-petit nombre de connaisseurs qui *discernent* et qui *soient* en état de prononcer.

Il ne voulut point sortir qu'il n'eût été payé *ou* avant qu'il eût été payé.

Il est difficile aux criminels, *quelque* adroits qu'ils *puissent* être du reste, de répondre aux nombreuses questions qui leur sont posées sans laisser percer la vérité, sans faire *des* aveux.

Les adjoints des communes sont institués pour suppléer les maires.

Ce criminel est mort *sans faire d'aveux*.

146e LEÇON. — Pour être heureux, il faut *plus* s'occuper des biens qu'on possède que de ceux qu'on espère.

Il n'y a guère que la distraction qui donne lieu aux *quiproquo*.

Ces mécontentements furent les *avant-coureurs* de la guerre civile.

Quelque différentes que *soient* la complexion et les mœurs, le commerce du monde ou la politesse *donnent* les mêmes apparences, et *font* qu'on se ressemble les uns aux autres par des dehors qui semblent communs à tous.

Un désordre, une confusion inévitable *succéda* à cet effroi général.

Son instruction, son caractère, *le rendent* aimable, *le font* rechercher.

Ces enfants n'ont pas cessé de crier *ou* n'ont cessé de crier.

*Quoi qu'*on dise de l'homme vertueux, il n'en est pas moins ce qu'il doit être *à l'égard de* Dieu et des hommes (1).

De deux *cents* personnes qui se trouvaient à bord de ce bâtiment, il n'en est revenu que quelques-unes.

Je me rappelle que, quoique tu *fisses*, quoique tu *disses, quelles que fussent* tes menaces, il était très-indifférent, et paraissait ne pas croire qu'un jour ses connaissances lui *servissent*.

_____

(1) *Vis-à-vis* ne peut jamais s'employer pour *à l'égard de, envers*.

C'est un prince qui s'attacha toujours à faire *fleurir* l'agriculture et les arts.

Dans les états constitutionnels, on élève les hommes *éminents* aux plus hautes dignités ; mais rarement on en anoblit.

Assurez-le bien que les choses se sont *passées* comme je le lui ai écrit.

Les principes de morale et de vertu sont *immuables*, eux seuls ne vieillissent *point* : vous les trouverez toujours les mêmes, soit que vous les *étudiiez* chez les philosophes anciens ou chez les modernes.

147e LEÇON. — Les études qu'a *faites* ce jeune homme ne l'empêchent pas plus de *parler mal* sa langue, que les leçons de bienséances que lui a *données* sa famille ne l'empêchent de médire, de *mal parler* de tout le monde.

Tout rentre dans le sein de la terre *d'où il est* premièrement sorti ; là rien *ne se perd* : le fumier des animaux, leurs propres dépouilles, les végétaux même réduits en corruption, *en* augmentent *la* fertilité.

Heureux les élèves qui font *toutes leurs délices* de l'étude.

.... Le juste, aussi bien que le sage,
Du crime et du malheur *sait* tirer avantage.

C'est alors qu'on vit fondre sur la France une nuée de barbares qui la *désolèrent* (1).

Henri IV regardait la bonne éducation de la jeunesse comme une chose dont dépend la félicité des peuples.

Il est arrivé deux circonstances qui les ont *forcés* de remettre à une autre époque les deux voyages qu'ils avaient projeté de faire bientôt.

Quelles hymnes, mon Dieu, sont dignes de vous !

---

(1) *Une nuée* est un collectif partitif signifiant *beaucoup de, un nombre considérable de* ; or c'est le mot *barbares* qui devient le sujet du verbe.

C'est un travail qu'on ne fera pas sans rencontrer *des* difficultés.

Ce sont des travaux qu'on fait sans rencontrer *de* difficultés.

Je présume que vous vous occupez de manière à satisfaire vos parents.

Il s'en faut beaucoup que la cadette soit aussi jolie que l'aînée.

Écrivons pour la seconde fois des *factums*, des *folios*, des *alinéa*, des *in-folio*, des *altos*, des in-quarto, des *accessit*, des *duos*, des *bravos*, des alibi, des *trios*, des *duplicata*, des *opéras*, des *errata*, des quatuor, des in-octavo, des *factotums*, des *albums*, des *reliquats*, des *zéros*, des post-scriptum, des spécimens, des *pensums*, des impromptu, des quiproquo.

148ᵉ LEÇON. — C'est souvent par vanité, quelquefois par intérêt, que nous *consumons* notre vie dans la culture des arts.

Maintenant que vous vous êtes dessaisi de vos titres, vous n'aurez de lui que *ce qu'il lui plaira.*

Après vous avoir si longtemps parlé des bienfaits du soleil, il vous tarde sans doute *que je vous apprenne* quelle place ce roi de l'univers occupe dans son empire.

Ce n'est que dans la vie privée de quelqu'un *que l'on* voit de ces traits qui *décèlent* l'âme.

Quand on sent qu'on n'a pas de quoi se faire estimer de quelqu'un, on est bien près de le haïr.

Les gros vins d'Orléans sont de vrais casse-tête.

On vit les satellites de Pompée environner Milon *avant qu'il fût jugé.*

Nous *marierons* bientôt son neveu à *ou* avec ma nièce.

Dans l'ivresse, les hommes ne sont plus à *eux.*

Je ne saurais croire que jamais il *prenne* un parti aussi désespéré.

Cléopâtre aima mieux mourir avec le titre de reine, que de vivre dans *toute* autre dignité.

Ce sont les *meilleures* gens que j'*aie* jamais *vus.*

C'est un saint homme qui passe une partie de sa vie *auprès* des malades et des malheureux.

Le goût sait encore *ennoblir* la nature même.

Lors de cette cérémonie, j'espère m'*unir à vous.*

C'est moins par les *beaux exemples* d'écriture que par les principes sur la manière de tenir la plume, que les maîtres parviennent à former *de* bons élèves.

149e LEÇON. — Il y a plus de quinze jours *qu'il ne dort pas,* et plus de deux mois qu'il *n'a quitté* la chambre.

Quoique l'ours soit un animal féroce, il arrive quelquefois qu'il se contente de *flairer* les personnes qu'il surprend, lorsqu'elles ont soin de se *jeter par terre,* et qu'il s'en éloigne *sans leur faire de mal.*

J'irai les voir *avant qu'ils partent.*

Quiconque tend à la perfection des mœurs, doit *mener une vie* si irréprochable, que si chaque jour devait en être le dernier.

Il ne laisse pas de gagner *ou* que de gagner beaucoup à ce marché.

Il mourut le trente juin *ou* le trente de juin.

Rien n'étonne les hommes justes et constants dans leurs principes : leur vertu solide n'est *ébranlée* ni par les cris d'un peuple en fureur, ni par les regards menaçants d'un tyran farouche. Que l'univers entier s'écroule sur leur tête, ils en seront *écrasés* mais non *effrayés.*

Ni lui ni moi *ne sommes préparés* à cette question.

Les hommes *les plus doux* sont ceux qui s'enflamment *le plus aisément* lorsqu'on les outrage; l'opiniâtreté de l'insulte les exalte, les *consume.*

Aussitôt que nous apprîmes sa maladie, nous *allâmes* le voir; mais, hélas! il n'était déjà plus.

Je *n'ai d'autres* vues que de vous être agréable.

Il nous serait difficile de tromper celui qui nous veut du mal; il est bien facile *d'en imposer* à l'âme confiante d'un ami.

Il a fait un vent si violent, que plusieurs maisons ont été renversées *par terre.*

150e LEÇON. — La douleur sans remords porte en

elle, ou en soi une mélancolie qui a pour elle des larmes qui ne sont pas sans plaisir (1).

Ce couple de serins *produit* tous les ans une couvée.

Bien des gens n'ont *des* principes qu'en apparence.

Appius avait hérité de son père son attachement inviolable *ou* de son attachement inviolable pour les intérêts du sénat.

La vie de l'homme est semblable à ces feux follets qui, après avoir erré, voltigé sur la surface de la terre, s'éteignent dans un torrent.

Les chèvres *aiment* à gravir sur les pierres, sur les rochers.

Il ne nous est jamais permis d'être ingrats, pas *même envers* les méchants.

Quoiqu'étranger, il s'est exprimé sans faire *de* fautes.

Nous sommes *beaucoup* moins *offensés* du mépris des sots, que nous *ne* le sommes d'être médiocrement *estimés* des gens d'esprit.

Ne vous confiez-vous pas trop *en* cet homme? *ou ne* vous fiez-vous pas trop à *ou* en cet homme? — Ayez confiance *dans* la bonté de Dieu.

Les hommes *étant* imparfaits, n'ont pu se suffire à eux-mêmes; de là la nécessité de former des sociétés.

Quoique la journée d'hier ait été entièrement *consacrée* à ce travail, il ne sera terminé que *dans* deux heures.

Ces étrangers nous ont longuement parlé de ces faits, et *nous ont vivement intéressés*.

Le roi, qui *désirait de* terminer cette négociation, ordonna à ses ministres de se montrer moins *exigeants*.

151e LEÇON. — Ils vinrent en diligence; et, de grand matin, avant qu'il *fît* jour, ils *entrèrent* dans le palais de Pison.

Nous sommes les premiers qui *se soient aperçus* de la fraude.

Cette dame ne déjeûne que *de* thé ou *de* café.

---

(1) Ici *soi* est préférable, on évite ainsi la répétition rapprochée du mot *elle*.

Vous *ne serez considéré* dans le monde *qu'autant que* vous serez instruit.

Pendant que la plus grande partie des peuples *languit* dans la pauvreté, l'opprobre et le travail, l'autre, qui abonde en honneurs, *en commodité et en* plaisirs, admire le pouvoir de la politique qui rend les arts et le commerce *florissants*, et les états redoutables.

Il lui est défendu *de jamais se présenter* à la maison.

Les *chauves-souris* ne *commencent de* voler que le soir.

Quoi qu'on fasse *et quoi qu'on* dise, on ne saurait venir à bout de plier *ou de ployer* son caractère.

Les hymnes *guerriers* des anciens ne sont pas *parvenus* jusqu'à nous.

Certains gens de commerce comprenant mal leurs intérêts, chassent le public en vendant leurs marchandises le plus *cher* qu'ils peuvent.

Toutes spirituelles, tout instruites que *sont ces jeunes* personnes, leur société ne me plaît pas.

Quelle peut être la valeur de ce *fonds* de commerce?

La plupart des hommes se *rappellent* bien mieux *les* services qu'ils rendent *que ceux* qu'ils reçoivent.

Le plus grand nombre des spectateurs, encore *émus* (1) des *événements*, *chantaient* des hymnes patriotiques, *composés* pour la circonstance.

152e LEÇON. — Le seul bien que la fortune *puisse*

(1) Le mot *ému* marque un état convenant si peu au mot *nombre*, qui est dans les Exercices; et *chanter*, une action tellement en rapport avec le nom *spectateurs*, que, malgré ce collectif général *le plus grand nombre*, on ne pourrait guère blâmer celui qui, ne voyant dans ce collectif qu'une expression correspondant à *la plupart*, écrirait : *le plus grand nombre des spectateurs, encore* ÉMUS *des événements,* CHANTAIENT, etc.

Nous ne pensons même pas que, s'il s'agissait de *femmes*, toutes les autres circonstances étant parfaitement identiques, on pût se dispenser de mettre le pluriel. Qui, en effet, oserait dire : *le plus grand nombre de ces dames* ÉTAIT PARÉ, *ayant dans* SES *cheveux des fleurs ou d'autres ornements*.

Du reste, il vaut mieux, dans ces sortes de cas, remplacer *le plus grand nombre* par *la plupart*.

procurer, c'est peut-être de mettre de l'élévation dans les sentiments.

Ils ne se hasardèrent plus de nous insulter *ou* à nous insulter.

Sur dix membres qui composent la société, nous sommes quatre qui *désirons* un accommodement, et six qui le *repoussons*; quant à moi, je fais partie des quatre *qui veulent* que les choses s'arrangent amiablement.

Il *n'a su* que répondre.

On a dit que la dévotion *est* le faible de la vieillesse, n'est-il pas plus exact de dire qu'elle en est le soutien?

Quoique nous *devions* partir bientôt, nous n'avons encore fait *aucunes dispositions*.

La douleur, à quelque degré qu'elle soit, peut encore augmenter; il n'en est pas de même des plaisirs, *les bornes en* sont prescrites.

Il faut serrer ces arbustes *avant qu'il fasse* froid.

Je trouvai l'article fait avec beaucoup d'adresse et d'art, et digne de la plume *dont* il était sorti.

.... Le juste, aussi bien que le sage,
Du crime et du malheur *sait* tirer avantage.

Vos amis ont hérité un bien *ou* d'un bien considérable.

Il ne faut pas que les enfants qui apprennent à écrire copient toujours les mêmes exemples; en leur en donnant *de nouveaux*, on obtient d'eux une application plus soutenue.

Je ne dois plus que les trois mille francs que j'ai *empruntés* à votre père *ou* de votre père.

L'extrême avarice se méprend presque toujours : il n'y a point de passion qui s'éloigne le plus souvent de son but, et sur laquelle le présent *ait* tant de pouvoir au préjudice de l'avenir.

Un ruisseau par son cours, le vent par son haleine,
Peut à leurs faibles bras *épargner* tant de peine.

153e LEÇON. — Après les guerres de l'empire français, les souverains de l'Europe firent une alliance dans le but de se protéger *les uns les autres*.

La plupart des pièces de Corneille sont des *chefs-d'œuvre*.

Il ne cessera pas ses dépenses *avant qu'il soit* totalement ruiné.

Quels malheurs n'est-il *ou* n'a-t-il pas résulté de cette entreprise téméraire? De combien d'autres encore ne sera-t-elle pas suivie?

Nous devons imiter les exemples de vertus que nous ont *donnés* nos pères, si nous voulons avoir le droit de jouir de leur gloire.

Il y a des hommes assez malheureux pour ne pas croire à la Divinité, et cette croyance leur vient de ce qu'ils craignent qu'il *n'y en ait* une.

C'est un fait que ni vous ni personne ne *constatera*.

La fortune s'est souvent plu à désespérer les cœurs les plus reconnaissants.

On pense autrement de lui qu'il *ne le fait* lui-même.

Ceux qui ne s'occupent à *quoi que* ce soit d'utile, ne me paraissent pas estimables.

Beaucoup de monde *fut mécontent* de cette mesure.

Cet élixir *aide* à la digestion.

En passant d'une humble condition à des postes élevés, il ne faut ni oublier les bienfaits qu'on a *reçus*, ni se rappeler les injures.

Il apprit cette nouvelle sans en témoigner de surprise.

Ils ne recevront pas cette nouvelle sans en témoigner *de la* joie.

154ᵉ **LEÇON.** — O sublime vertu! éternelle et pure comme l'être qui t'a *créée*, tu seras toujours; au contraire, les superbes monuments *élevés* à l'orgueil, après avoir *brillé* un instant, s'écrouleront dans la poussière.

Ce *ne sont* certainement pas les plaisirs des sens, *ni* les honneurs, *ni* la richesse qui rendent heureux, *c'est la* sagesse et la santé.

Il était temps que le général *arrivât* pour empêcher que la sédition *n'éclatât* dans son corps d'armée.

Quelles gens *ennuyeux* que ceux qui sacrifient tous les égards à leur commodité.

Les hommes, les animaux, les plantes *même* sont sensibles aux bienfaits.

Nous étions plusieurs officiers *qui ne savaient* plus comment tromper la vigilance de l'ennemi pour rentrer dans le camp.

Nous faisons nos destins, quoi que vous puissiez dire :
L'homme, par sa raison, sur l'homme a quelque empire.

C'est le devoir des ministres de se souvenir qu'ils représentent l'état, qu'ils sont *chargés d'en* soutenir la gloire et la dignité, de maintenir les lois, *de* distribuer la justice, et *de* conserver les droits des citoyens.

Le grand deuil se manifeste par des vêtements d'étoffes noir noir ou noir bleu.

Tel avait raison hier qui ne l'a plus aujourd'hui.

Ni le père ni le fils *ne sont* estimés.

Ni le père ni le fils, *n'aura* l'honneur d'être lé député de notre arrondissement.

Quels sont les princes qui, dans l'histoire, *aient eu* le caractère de bonté de Henri IV ?

Il n'y a que peu d'années que les pantalons *garance* sont *introduits* dans l'armée.

Il nous *fit observer* que sa position de fortune ne lui permettait pas de faire cette dépense.

155ᵉ LEÇON. — La prise d'Alger a détruit les pirates qui ont si longtemps *infesté* la Méditerranée.

Il y a dans un seul homme des hauts et des bas si *surprenants*, que l'on est tenté de croire qu'il y a deux âmes qui agissent successivement.

C'est un homme qui sait tellement *colorer* ses vues, qu'il réussit à tromper les plus habiles *mêmes*.

Une pauvre fille demande à être chrétienne, et on ne veut pas qu'elle *le* soit.

Il n'a pas tenu à moi *qu'il ne réussît.*

C'est un homme qui n'a *des occupations* que pour se distraire, et qui n'éprouve *de la jouissance* qu'à faire du bien à ceux qui sont alentour de lui.

L'addition de deux *zéros* à un nombre le rend cent fois plus fort.

Ils ont opiné chacun selon *leurs lumières*.

Platon compare l'or et la vertu à deux poids *ou* avec deux poids qu'on met dans une balance, et dont l'un ne peut monter sans que l'autre baisse.

Les deux sœurs sont brèches dents (1).

Ce n'est *ni* dans l'architecture *ni* dans la richesse de l'ameublement *que* l'on doit chercher sa dignité : il faut que le maître *fasse* honneur à l'habitation, et non que l'habitation *soit* tout le mérite du maître.

Les gelées qu'il a fait ont détruit nos espérances.

Alexandre s'était proposé *d'égaler* en tout la gloire de Bacchus.

Ce n'est pas à nous qu'il a tenu que vous *ne fussiez* satisfait sur tous ces points.

La bonne conscience est une fiche de consolation que le temps, tout habile joueur *qu'il est*, ne peut nous gagner.

C'est un objet qu'on leur déroba sans qu'ils *s'en aperçussent*.

156ᵉ **LEÇON** — *Quelque* affaire que vous ayez, et *quels que* puissent être les hommes avec qui vous voulez traiter, vous trouverez souvent peu de difficultés, si vous savez donner à propos.

Si vous lui adressez un seul mot qui lui déplaise, il invectivera *contre* vous.

Que tout plie *ou* que tout ploie quand Dieu commande.

C'est de cette personne *que* je voudrais *ou* c'est cette personne *dont* je voudrais savoir *le* nom, *les* prénoms et *la* demeure.

Il y a des écrivains qui tournent longtemps *autour de* la même idée.

Ceux qui ont consacré leur vie à l'étude, et qui ont employé leurs instants à former leur esprit, ne peuvent *être accusés* d'avoir abandonné l'utilité commune ; la pa-

(1) C'est-à-dire, ont *des brèches aux dents*.

trie, au contraire, leur doit de grands avantages : les lumières qu'ils ont *communiquées* ont éclairé leurs concitoyens et les ont *rendus* meilleurs.

Elle était bonne et généralement aimée, *témoin* les larmes que les malheureux ont *versées* sur sa tombe.

Par elle-même, cette maison de campagne n'est pas fort jolie, mais *le* jardin *en* est charmant.

Son goût pour le théâtre lui est ou lui a passé.

Nous *ne saurions trop* vous donner des renseignements positifs sur ce point.

Un seul homme, quelque habile qu'il soit, ne sait jamais tant ou autant que plusieurs ensemble. Un particulier se peut tromper *ou* peut se tromper, mais le public, rarement.

Il y a, *dans la simple amitié, un goût où* ne peuvent atteindre ceux qui sont *nés* médiocres.

Quelles sont les révolutions qui *n'aient* pas à déplorer *des* crimes?

Quoique la fièvre ait cessé, il éprouve toujours une débilité, une faiblesse *extrême*.

157e LEÇON — Le soleil et la lune, *vus* à l'horizon, paraissent beaucoup plus grands.

Il *n'a d'autres* revenus que trois mille livres de rente.

On appelle fixes certaines étoiles, parce qu'on a remarqué qu'elles *gardent* entre elles la même distance depuis l'origine des siècles.

L'abondance qu'il y a eu l'année dernière a ramené les denrées à un prix modéré.

La fortune et la considération sont deux volages déesses dont les caprices ne sont que trop *connus* pour qu'on ne les craigne pas.

Quand donc aurons-nous le plaisir de revoir *l'aimable et intéressante* Sophie?

Je me donnerai bien garde *ou* de garde d'y retourner.

Étudions notre génie; et après nous être *examinés*, après avoir jugé sévèrement nos qualités et nos défauts, appliquons-nous surtout à la carrière à laquelle nous sommes *le plus* propres.

C'est nous qu'ils ont établi *juges* de leur différend.

—Ceci est tout *différent* de ce qu'on m'avait rapporté

Voilà un événement qui demande votre présence su les lieux; transportez-vous-y immédiatement ou tout d suite.

Si quelques prétendus philosophes ont décrié la reli gion, il s'en est trouvé bien davantage encore qui l'on vengée.

Si ce n'est leurs amis, quels sont ceux qui n'aient à s plaindre de *telles* gens.

Des amis toujours *prêts à* prendre la parole en notre faveur sont de bons supports dans ce monde.

Le cardinal de Retz disait à ses principaux domes tiques : Vous êtes deux ou trois *qui me connaissez* entiè rement; mais j'ai si bien établi ma réputation, et par vous-*mêmes*, qu'il serait impossible que vous pussiez me nuire quand vous le voudriez.

Le roi défendit *de jamais songer* à ce mariage.

158e LEÇON — Les hommes doivent se consoler *les uns les autres*

Il n'y a que sa fille ou son fils *qui ait pu* parler de ce fait, car *ce sont* les seules personnes que nous *voyions*.

C'est peu que les savants aient instruit pendant leur vie ceux qui ont suivi leurs leçons, et qui se sont plu à en profiter; les ouvrages qu'ils laissent après eux n'é clairent pas moins la postérité et ne lui rendent pas moins de services qu'eux-mêmes n'en ont *rendu* en personne à leurs contemporains.

Les rochers *mêmes* sont sensibles à de touchants ac cords.

Les plus farouches animaux, les rochers *même* sont sensibles à de touchants accords.

Nous avons *continûment* travaillé de midi à six heures.

La funeste ivraie étouffe souvent dans nos sillons *la belle orge* que nous y avons *semée*.

C'est un homme sans principes et sans honneur *ou* sans principes ni honneur.

Un savant a toujours en lui-même un *fonds* de ri chesses.

Les princes qui ne se croient placés sur le trône que

pour faire du bien à l'humanité, sont *bénis* de Dieu et des hommes.

Le véritable honneur a ses racines *au fond* du cœur.

Bien des gens *n'ont de principes* politiques que ceux qui concordent *le mieux* avec leurs propres intérêts.

Une simplicité éclairée est un charme que rien n'égale.

159e **LEÇON.** — Si les pauvres n'ont pas les agréments des riches, ils n'en ont pas *non plus* les infirmités.

Il a dit une sottise qui *n'a point échappé* à ses auditeurs.

Quinze litres d'eau de Seine évaporés jusqu'à siccité ne donnent qu'un résidu de deux grammes et *demi*.

Les chaleurs qu'il a fait cet été ont brûlé les fleurs, les plantes et certains arbres *même*.

Nous agissons avec notre santé, comme si elle ne nous appartenait pas.

Qu'il se trouve des *Mécènes*, et nous ne manquerons pas de Virgiles.

La mort d'un homme vertueux doit être un motif de deuil pour l'humanité *tout* entière.

Quelque autre vous le dira mieux que moi.

L'homme *consume* sa vie *tout entière* en vains projets.

Nous fîmes plus de trente lieues *sans rencontrer de verdure*.

Nous ne pouvions pas voyager plus d'un jour *sans rencontrer des rivières*, *ni* sans avoir à traverser *des* marais.

Deux horribles naufrages contraignirent les Romains à abandonner *ou* d'abandonner l'empire de la mer aux Carthaginois.

Il est certains *ou* de certains ouvrages qui ont peu de succès, *quelque* bien écrits, *quelque* bien pensés qu'ils soient.

Les personnes qui ne savent pas se sendre heureuses sont assez *fréquemment* celles qui redoutent *le plus* de mourir.

7

C'est moi qui le premier *aperçus* la fraude et la dévoilai.

La bonne fortune ne détruit guère que les vertus de ceux qui les auraient *perdues* dans la mauvaise.

160e **LEÇON**. — Les princes se sont toujours *servis* de leurs peuples comme de boucliers pour se battre réciproquement *ou* se battre les uns les autres ; et lorsqu'ils sont *usés*, ils les jettent et s'accommodent.

Le feu fait grand plaisir aux animaux ainsi qu'à l'homme, lorsqu'ils sont *accoutumés* à sa vue, et *qu'ils en ont senti la* douce chaleur.

C'était un homme dont on n'obtenait rien à moins qu'on ne l'*obsédât*.

L'éléphant, ainsi que le castor, *aime* la société de ses semblables.

Je lui ai encore avancé quelques fonds ce matin, quoiqu'il me *doive* déjà une somme assez élevée.

Nous sommes tous entraînés par l'amour de la gloire ; et les plus estimables des hommes en sont *le plus* vivement pénétrés. Les philosophes eux-*mêmes* ont pris le soin de mettre leurs noms *ou* leur nom à la tête des ouvrages qu'ils ont *écrits* sur le mépris de la gloire : ils veulent être *loués* et *célébrés* lors même qu'ils paraissent mépriser la louange et l'estime des hommes.

Pour terminer ce *différend*, ils ont donné *leurs blancs seings* aux arbitres.

C'est à cette époque plus particulièrement que *fleurirent* la poésie et la peinture.

Il y a plus de six mois que nous ne nous sommes *vus*.

Si les beaux faits de Xénophon et de César n'eussent surpassé de bien loin leur éloquence, je ne crois pas qu'ils les *eussent jamais écrits*.

Ces princes ont gouverné chacun *selon leurs vues* plus ou moins ambitieuses.

Bientôt ils défendront de peindre la prudence,
De donner à Thémis *un* bandeau *ou une* balance.

Il est vrai que *c'est* un fripon.
S'il est vrai que ce *soit* un fripon, il faut le chasser.

161ᵉ LEÇON. — *Plus je vais en avant, plus* je trouve qu'il n'y a rien de si doux au monde que le repos de la conscience.

On ne peut plus s'intéresser à vous que ne s'intéresse *ou* que ne fait votre oncle.

Il y a une grande partie des hommes qui *n'est occupée* qu'à réprimer *l'autre;* sans cela, la société ne serait guère plus *assurée* que celle des tigres qui se déchirent les uns les autres *ou* qui s'entredéchirent.

Ces enfants *atteindront bientôt l'époque* où commence la raison.

Les princes et les rois jouent quelquefois. Ils ne sont pas toujours sur leur trône, ils s'y *ennuieraient* : la grandeur a besoin d'être *quittée* pour être *sentie.*

Un nuage se forme dans le lointain, bientôt le vent souffle, les éclairs brillent, et *tout à coup* le tonnerre *éclate* avec fracas.

Quelles que soient les idées que l'on ait de la crédulité du peuple et de la bassesse des courtisans, on est toujours au-dessous de la vérité.

Toutes ces provisions furent *consommées* en quelques jours.

Ne croyez pas *par ce que* je dis que je veuille le flatter; en cela, c'est à la vérité seule *que* je rends hommage.

Les ordres *le plus* sûrement accomplis sont ceux que l'attachement, le dévouement *exécute.*

Il s'en faut *de beaucoup* que l'Amérique soit peuplée comme l'Europe.

Je le connais assez pour me persuader qu'il ne laissera pas tomber ce propos *à terre.*

Il est faux qu'on *ait fait* fortune, lorsqu'on ne sait *ou* lorsque l'on ne sait pas en jouir.

L'esprit aime quelquefois *à* s'arrêter aux images qui nous ont apparu *ou* qui nous sont *apparues* en songe.

162ᵉ LEÇON. — La vérité ne fait pas tant *ou* autant de bien dans le monde que ses apparences y font de mal.

Les exercices du corps sont nécessaires pour *renforcer* le tempéramment et la santé.

C'est en Amérique *que* l'on a inventé les paratonnerres et les bateaux à vapeur.

Ils ont changé leur vieux cheval pour *ou* contre un
jeune.

Nous sommes *si vains* que nous voudrions être *connus*
de la terre *tout entière*, et même des gens qui viendront
quand nous aurons cessé d'être.

Il y a plus de deux ans que je ne reçois *pas* de ses
nouvelles, et il y a fort longtemps aussi que je n'ai écrit
à sa famille.

Napoléon était tout à la fois *un brave* et *illustre*
capitaine.

Ils *s'en sont allés* en province pour six mois.

Pure et sainte religion, qui, veillant sur notre bonheur, *défends* à la haine de durer un jour, et *prescrits* à
l'amour d'être éternel, c'est toi qui *soulages* du poids de
leur sensibilité ces créatures *délaissées* qui n'ont plus à
aimer sur la terre (1).

Il prit patience aussi longtemps qu'il crut à leurs promesses; *mais il se montra rigoureux*, quand il s'aperçut
qu'on le jouait.

Il serait injuste d'exiger d'une âme atterrée et vaincue
par *de* grandes douleurs, qu'elle *eût* la même vigueur
qu'elle a *montrée* en d'autres temps.

Est-on surpris qu'un malade ne *puisse* plus ni marcher
ni veiller, *ni* se soutenir? Ne serait-il pas plus étrange
qu'il *fût* le même homme qu'en pleine santé?

C'est toi qui le premier *amenas* la conversation sur ce
point, et qui *soutins* là discussion.

165e LEÇON. — Les hommes en général ont *de*
grandes prétentions et *de* petits projets.

Quelles sont les contrées du continent où Napoléon
n'ait conduit *des* soldats, et où il n'ait gagné *des* batailles?

Il se fie trop à ses forces *ou* en ses forces.

---

(1) Ici la *religion* est personnifiée, et on lui adresse la parole
comme à quelqu'un; c'est pourquoi *défends* et *prescrits* sont à la
seconde personne.

Si les pauvres n'ont pas les jouissances que donne la fortune, ils n'ont pas *non plus* les soucis qu'elle fait naître.

Le plus grand nombre des officiers de cette armée *sont jeunes* et *instruits* (1).

Quels que soient ses penchants, le sage les surmonte ;
C'est de nous que dépend ou la gloire ou la honte.

La famille *dont* elle sort a une généalogie de huit siècles.

Il ne disconvenait pas que ma demande fût fondée *ou* ne fût fondée *ou encore* qu'elle était fondée, mais il s'excusait sur l'impossibilité d'y répondre.

Les philosophes païens se sont quelquefois *élevés* au-dessus du reste des hommes par une manière de vivre plus réglée, par des sentiments qui avaient quelque conformité avec ceux du christianisme. Mais ils n'ont jamais reconnu pour vertu ce que les chrétiens *appellent* humilité, et ils l'auraient *même crue* incompatible avec celles dont ils faisaient profession. Il n'y a que la religion chrétienne qui *sache* joindre ensemble des choses qui avaient paru si *opposées*, et qui *apprenne* aux hommes que, bien loin que l'humilité *soit* incompatible avec les autres vertus, sans elle toutes les autres vertus ne seraient que des vices et des défauts.

Ces jeunes gens ont toujours été extrêmement *attachés* à leurs frères et *à leurs* sœurs.

164e LEÇON. — *Quelque élevés* que soient les grands hommes, ils tiennent aux autres par quelque endroit.

Il tarde bien de venir *ou* à venir.

C'est dans *leur jeune âge*, alors que l'âme est susceptible de toutes les impressions, qu'il faut s'appliquer à former le *caractère des enfants*.

Je pense que vous aurez fait le voyage sans accident.

Les hommes enjoués n'étant pas d'ordinaire si *ou* aussi

(1) Voir la note de la page 158.

ardents que les autres hommes, *ne sont* peut-être pas *susceptibles* des plus vives joies.

Par les chemins de fer on fait en général huit lieues *en une heure.* — Si nous allons toujours de ce pas, nous serons *arrivés dans une heure.*

D'après ce qu'a fait Napoléon, on ne peut nier que ce *ne* soit un très-grand homme.

On dit que les herbes sur lesquelles les crapauds et les chenilles *ont passé* sont *venimeuses* (1).

La peur *leur* (2) fit hâter le pas, aussi arrivèrent-elles tout en sueur, tout en eau (3).

Vous êtes *les seuls qui n'aient* pas été dupes de sa duplicité.

Il est rare qu'on *approfondisse* la pensée d'un autre, de sorte que s'il arrive dans la suite qu'on fasse la même réflexion, on se persuade aisément qu'elle est nouvelle, tant elle offre de circonstances et de dépendances qu'on avait *laissées* échapper.

Les conseils qu'on croit *les plus* sages sont souvent *les moins proportionnés* à notre état.

Voilà un des soldats qui *ont monté les premiers* à l'assaut.

C'est un de ces soldats qui *a monté le premier* à l'assaut.

165ᵉ **LEÇON.** — La cour paraît dans le lointain comme un faisceau de *fleurs;* de près, ce n'est plus qu'un buisson d'*épines.*

Il est peu de personnes qui n'aiment point *les vol-au-vent.*

---

(1) Il faut *venimeuses,* parce qu'elles n'ont que le venin déposé par les crapauds ou les chenilles; il faudrait *vénéneuses,* si l'on parlait d'herbes qui, en elles-mêmes, par leur substance, continssent du venin.

(2) Le verbe *faire* avant un infinitif, comme ici *fit hâter,* ne forme, avec cet infinitif, pour ainsi dire qu'un seul verbe. Or ce verbe combiné ayant pour régime *direct* le *pas,* ne peut en avoir un second dans *les,* c'est pourquoi il faut *leur.*

(3) Si néanmoins on parlait de la totalité des personnes, il faudrait *toutes* en sueur, *toutes* en eau.

Les hommes n'ont jamais échappé à la misère de leur condition : *composés* de bonnes et *de* mauvaises qualités, ils portent dans leur *fonds* les semences du bien et du mal.

Quels qu'aient été nos efforts, *quelles* que soient encore nos instances pour l'amener à un accommodement, il s'opiniâtre à rester dans une résolution contraire à ses intérêts.

Rien ne saurait dissiper l'ennui que le mauvais temps cause dans la solitude, *si ce n'est* des livres, des enfants bien nés et une femme aimable.

Un aigle sur un champ prétendant droit d'aubaine
Ne fait point appeler *un aigle* à la huitaine.

Nous n'avons apporté *des lettres* que pour vous et votre famille.

Je sentais qu'il n'y *a* point d'intérieur humain, si pur qu'il *puisse* être, qui ne *recèle* quelque vice.

Vous serez *incessamment* payé.

Les terres de l'Amérique sont encore plus *d'aux trois quarts* incultes.

Il est demeuré là plus d'une *demi*-heure les bras croisés.

Ne faites pas à autrui ce que vous ne voulez pas *qu'il* vous soit fait (1).

Je vous ai entretenu de ces faits, afin que vous *connaissiez* bien quelles sont les vues de votre adversaire, et que vous vous en *méfiiez*.

La musique est un don du ciel, *d'où* il semble qu'elle *soit* descendue.

Je ne puis pas *ou* je ne puis accepter cette offre.

166ᵉ **LEÇON.** *Quelles délices* plus *touchantes* que celles qui naissent des belles actions.

Nous ne soupâmes que d'œufs et de lait, les seuls

_____

(1) Voir la note de la page 126.

aliments qui se trouvassent dans la chaumière que nous fûmes assez heureux de rencontrer.

Les criminels *condamnés* aux peines du Tartare n'ont pas besoin d'autres châtiments de leurs fautes que leurs fautes mêmes.

Quand j'ai rendu quelque service à un ami, il ne me semble pas qu'on *doive* m'en louer, je me crois seulement exempt de reproches.

A sa voiture étaient *attelés* deux beaux chevaux *bai-brun*.

Nous étions trois voyageurs qui *allaient* à pied.

Les esclaves de la fortune trouvent toujours la vertu trop *chère*.

Cet élève n'a fait que *cinq ou six* fautes dans son devoir.

Je tremblais qu'un regard, un soupir *ne vous* domptât.

On doit à Cicéron d'avoir étendu *les bornes* de l'éloquence.

Combien de fois les peuples n'ont-ils pas fait *d'irruptions* les uns chez les autres!

Dans le temps que les laboureurs, nés sous les cabanes, fertilisaient la terre, les philosophes, que la nature avait *doués* de plus d'intelligence, se donnèrent librement aux sciences. Tous les arts *cultivés fleurirent* sur la terre; les divers talents s'*entr'aidèrent ou s'aidèrent* mutuellement.

Ces nouvelles nous jetèrent dans une anxiété, une inquiétude, *qui dura* plusieurs jours.

Quel est le séjour le plus agréable *de* Paris ou *de* Londres?

167ᵉ **LEÇON.** — Il n'y a point de parti si aisé *ou* aussi aisé à détruire que celui que la prudence a formé.

Les caprices de la nature ne sont pas aussi frêles *ou* si frêles que les chefs-d'œuvre de l'art.

J'allai hier entendre cet artiste célèbre.

De peur qu'il ne *bût* sans réserve, et qu'il ne lui *survînt* quelque indisposition, on ne lui laissa que ce qu'il était nécessaire qu'il *prît*; et ce moyen, le seul qui *pût* le garantir d'une rechute, réussit parfaitement.

Je ne doute pas que le père *ne vienne* au-devant des besoins de son fils.

Un nombre considérable de personnes *ont succombé* à cette maladie.

Quelque mérite que l'on ait, on ne peut, si l'on n'a ni bonheur ni protection, réussir à *quoi que ce soit*.

Quoique ce soit une circonstance favorable à ses intérêts, il est si négligent qu'il n'en profitera pas.

Toujours quelque crainte *décèle* les âmes vulgaires.

Tout le monde fut surpris que *j'osasse* me livrer à l'examen de cette question, mes amis mêmes craignaient qu'elle ne se *trouvât* au-dessus de moi.

Sur les dix mille francs qu'il me devait, il en a payé huit mille; il suppléera le reste dans quelques mois.

La longueur de la vie des patriarches, au lieu de faire que les histoires passées se *perdissent*, servait au contraire à les conserver. Car ce qui fait que nous ne sommes pas *instruits* dans l'histoire de nos ancêtres, c'est que nous n'avons jamais guère vécu avec eux, et qu'ils sont *morts* souvent *avant que nous ayons atteint* l'âge de raison.

168ᵉ **LEÇON** — Toutes les assemblées, toutes les sociétés bien constituées ont des présidents et des vice-présidents.

On ne nous a remis *de lettres* que celles que nous vous avons *communiquées*.

Elles avaient toutes *l'air fatigué*.

Assez généralement les cures se trouvent près *ou* auprès des églises.

Parmi les hymnes qu'on chante *ou* que l'on chante encore aujourd'hui dans nos églises, il y en a *quelques-unes* qui ont été composées par un de nos rois.

Comment pouvez-vous comparer cet honnête homme à ce misérable.

L'honnêteté consiste dans la conformité à l'honneur, dans la probité, dans la vertu. — Sa fortune consiste *en* maisons.

Ces nuances se marient mal les unes aux autres *ou* les unes avec les autres.

7.

Nous ne sommes pas *nés* si faibles *ni si* frivoles *ou* aussi faibles *ni* aussi frivoles qu'on nous le reproche; mais l'opinion nous a *faits* tels.

La mode a substitué les chapeaux *rose tendre* aux chapeaux de soie *gros bleu.*

Cette concession recula le moment du désordre dans l'état, mais elle n'empêcha pas qu'il *éclatât ou* qu'il n'*éclatât.*

Pour éviter les surprises, *on traitait* par écrit les affaires dans cette assemblée.

C'est alors seulement que nous comprîmes pourquoi il avait tant *désiré de* partir la nuit même.

Ne fais et ne dis jamais rien que tu ne voudrais *pas* que tout le monde *vît* et *entendît.*

Sa complaisance nous *épargna* la peine de revenir.

Quoi qu'on en ai dit, ces objets ne me paraissent pas *chers.*

169e **LEÇON** — Les Égyptiens ne doutaient pas que certains animaux et certaines plantes ne *fussent* des divinités.

Je ne consentirai à votre proposition *qu'autant que* vous acquiescerez vous-même à la mienne.

Si nous étions *plus près* du soleil, nous *en verrions les* taches, et nous serions *incommodés de* sa chaleur.

Il s'est passé des événements bien graves depuis que nous ne nous sommes vus.

Telle était l'étendue de sa vaste érudition, qu'il parlait de tout, *quelle que fût* la matière sur laquelle *roulât* la conversation, et quelques difficultés *que présentât* cette matière.

On se moqua généralement de Napoléon, lorsqu'il prétendit que la France pouvait tirer de son propre sol ses provisions de sucre; ce qui se fait aujourd'hui prouve *en définitive* que seul il avait raison contre tous.

Il ne nous est pas permis d'être *ingrats, même* avec les méchants.

Ce sont des édifices qui demanderaient sur certains points à être *appuyés* par *des arcs-boutants.*

Assez souvent dans les campagnes, on mêle du seigle

avec du froment pour avoir une farine dont on fait un pain excellent.

Je voudrais que par des honneurs, par des récompenses publiques, on *donnât* de l'éclat à toutes les vertus patriotiques ; qu'on *occupât* sans cesse les citoyens de la patrie ; qu'on en *fît* leur plus grande affaire ; qu'on la *tînt* incessamment sous leurs yeux : *ce seraient* là *de* puissants moyens *d'ennoblir* les âmes.

A cette nouvelle, ces dames restèrent *toutes* consternées, *tout* abattues, et nous ne pûmes les consoler, *quelles que* fussent les raisons que nous fîmes valoir.

170ᵉ LEÇON. — Les choses qui font plaisir à croire seront toujours *crues*, *quelque* vaines et *quelque* déraisonnables qu'elles soient.

Les armes de l'empire d'Autriche sont *une aigle* à deux têtes.

Il n'y a que les gens sans éducation qui se permettent d'invectiver *contre* ceux mêmes de qui ils ont à se plaindre.

Quelquefois nous disons : la vie est trop courte pour *que nous nous ennuyions* et pour que nous *nous inquiétions*. Cependant si quelques importuns, nous rendant visite, empêchent que nous *ne sortions* et que nous *ne nous habillions*, nous perdons patience, et ne pouvons supporter d'être *ennuyés* une *demi*-heure.

Cet enfant ne joue jamais avec ses condisciples sans leur faire *du* mal.

Ce fut votre oncle qui présida l'assemblée *ou* à l'assemblée (On dit plutôt *présider l'assemblée*).

C'est *un délice* pour les habitants des grandes villes *de* passer *ou* que de passer à la campagne quelques jours de la belle saison.

Pourquoi *n'aidez-vous pas à* cet homme qui plie *ou* qui ploie sous sa charge ?

Je pense qu'il est satisfait de ce que vous avez fait pour l'obliger.

La force ou la faiblesse qui dépend d'un tempérament robuste ou délicat *vient* souvent plus de la manière dure

ou efféminée dont on a été élevé, que de la constitutio
primitive des corps.

Il ne parlait jamais qu'il ne dît *ou* sans qu'il dît d
sottises.

En joignant ce mot à tel autre *ou* avec tel autre, vo
aurez une contradiction.

C'est un reproche que ni lui ni personne ne m'adre
sera.

171ᵉ LEÇON — Le monde est rempli de ces hor
mes *qui imposent* aux autres par leur réputation ou le
fortune ; s'ils se laissent trop approcher, on passe *to*
à coup à leur égard de la curiosité au mépris.

Nous sommes les seuls qui se soient *refusés* à cet
mesure.

En ce monde, il faut se secourir *les uns les autres*.

.... La loi plia *ou* ploya mes premiers ans,
A la religion des heureux musulmans.

J'appréhende *qu'il ne refuse* cette offre.

De combien s'en faut-il qu'il ne vous ait tout payé?

Nous ne sommes pas contents d'être habiles, si on
si l'on ne sait pas que nous *le* sommes.

C'est un pays *d'où* nous vient *toute espèce* de ma
chandises.

Je vous avais défendu *de parler* de ce fait.

Toute autre place qu'un trône eût été indigne d'elle

Ce n'est que de loin à loin *ou* de loin en loin qu'on v
ou que l'on voit paraître des *Césars*, des *Cicérons*, d
Corneilles et des *Molières*.

Oseront-ils encore se hasarder *d'y* retourner *ou à*
retourner?

Les traits découvrent la complexion et les mœur
mais la mine désigne la fortune : le plus *ou* le moins
mille livres de rentes se *trouve écrit* sur les visages.

Telle est la paix dont nous avons *joui ; toute* autre no
eût paru un songe, *quelles* qu'en eussent été les base
quelle qu'elle eût été du reste.

172ᵉ LEÇON. — Combien d'hommes n'ont *de l'e*
prit et *de l'*assurance que dans leur cabinet!

La loi de l'Évangile est la loi de tous les états : plus même la naissance nous a *élevés* au-dessus des autres hommes, plus la religion nous fournit *de* motifs de fidélité envers Dieu.

Vous avez hérité de vos aïeux *un* nom *ou d'un* nom que vous relevez encore.

C'est souvent sur celui qui nous arrache à une douce erreur, *que* retombe tout le poids de notre chagrin.

Il y a *telles* gens dans le monde qui *n'ont de* succès que par leurs défauts.

Il faut que tout soit prêt avant *qu'il entre.*

La peinture des passions les excite, sans que les dangers auxquels elles exposent *puissent* en arrêter le cours, quelle que soit du reste la force avec laquelle ils soient *tracés.*

Nous fîmes plus de vingt lieues *sans rencontrer d'*habitations.

L'amitié ni la vraie tendresse ne sont impérieuses, elles proposent et n'exigent pas.

Je ne puis pas *ou* je ne puis accepter cette offre.

Les femmes seraient au désespoir, si la nature les avait faites telles que la mode les *arrange.*

L'ennemi attaqua nos *avant-postes* à la pointe du jour.

Il n'y a que les ennuyeux et les sots qui *aient* besoin d'être riches.

Les places éminentes sont comme les cimes des rochers : les aigles et les reptiles seuls peuvent y atteindre.

On se souvient froidement des plaisirs qu'on a *goûtés*, on se rappelle avec transport *les* bonnes actions qu'on a faites.

175e LEÇON. — Les expressions communes sont *aussi* loin de la vérité que les expressions recherchées.

Cette affaire a son bon et *son* mauvais côté.

L'amour-propre se persuade aisément qu'être regardé et admiré *sont synonymes.*

Nous ne conduisons pas les événements, ce sont eux, au contraire, qui nous conduisent.

Le pays est inculte, et l'on n'y rencontre *des* chaumières que de loin à loin *ou* que de loin en loin.

Quelle que soit notre habitude du mal, quelque *corrompues* que soient nos mœurs, le vice n'a pas encore perdu parmi nous toute sa honte.

C'est un homme qui ne donne aucun moment aux plaisirs *avant* que d'avoir terminé ses affaires.

Souviens-toi que je suis le seul qui *t'ait* soutenu.

Éclairez ces personnes, car elles ne connaissent pas notre escalier.

Nous étions au *fond* de la forêt, quand l'orage éclata.
— *C'est* une action qui ne peut venir que d'un grand *fonds* de vertu.

Il y a peu de pays plus *infestés* par les brigands que l'île de Corse.

Les *bravos* des spectateurs s'adressaient autant aux acteurs qu'à l'auteur.

Il a failli succomber *ou* à succomber à cette attaque.

> Le soin de m'élever est le seul qui me guide,
> Sans que rien sur ce point *m'arrête* ou m'intimide.

Il faut plier *ou* ployer votre serviette.

Les aventures se succèdent *les unes aux autres*, et le *poëte* n'a d'autre art que celui de bien conter.

174e **LEÇON.** — On ne doit pas demander pardon des fautes de sentiment.

Il n'est personne qui n'*aime à* se reporter à son jeune âge.

Il n'est pas douteux que la dévotion *ne soit* la source du repos.

Il faut que nous nous *défiions* des passions, lors même qu'elles paraissent *le plus* raisonnable.

Le Panthéon est un des beaux monuments de Paris : on *en* admire *l'*architecture particulière, *la* hardiesse, *les* proportions.

Ni le souvenir des maux qu'il avait *soufferts*, ni la présence de ceux qu'il avait *redoutés* ne le détournèrent de ses goûts à la dissipation.

Fontenelle a dit que les plaisirs *ne sont* pas assez solides pour qu'on les *approfondisse*.

Quelle raison a donc pu faire que, vous levant habituellement si tard, vous soyez si *matinal* aujourd'hui ?

La mère qui chérit ses enfants a le droit *d'en être chérie.*

La quantité prodigieuse de livres agréablement frivoles que la nation française *a produite* est une des causes de la faveur que sa langue a *obtenue* chez les autres nations.

Je ne saurais croire qu'un tel langage *soit* bien sincère.

Quoique je lui *fisse observer* qu'il se trompait, il persista dans son opinion.

Dans le bonheur, évitons la joie bruyante : le malheur est un maître qu'il ne faut *ni* avertir *ni* tenter.

La fortune qu'il a *laissée* a été *appréciée* deux cent mille francs *ou* à deux cent mille francs.

C'est tout à la fois une *fidèle et élégante* traduction, bien supérieure à toutes celles qu'on a *faites* du même ouvrage.

175ᵉ **LEÇON.** — La plupart des hommes *sont* aussi *resserrés* dans leur sphère, qu'ils n'ont pas même le courage d'en sortir par leurs idées ; si on *ou* si l'on en voit quelques-uns que la spéculation des grandes choses a *rendus* incapables des petites, on trouve bien *plus* d'autres hommes à qui la pratique des petites a ôté jusqu'au sentiment des grandes.

Beaucoup de personnes préfèrent le cidre *de Normandie au vin.*

Les habitants *de la* Normandie sont originaires de Danemarck, de Suède et de Norwége.

Auguste qui, à vingt-deux ans, s'était rendu maître du monde et de Rome, voulait qu'on en *eût* quarante pour juger un procès.

Les soldats, *hors d'eux*, se vengeaient sur les habitants des maux qu'ils avaient *soufferts* pendant le siége de la ville.

Une multitude de personnes s'étant *portées* sur ce point, *en rendirent* l'accès difficile.

La multitude des curieux qui *augmentait* à chaq
instant, *couvrit* bientôt toute la place.

> Mais j'aurai dans ces murs le tranquille avantage
> *De trouver* des mortels dont je chéris la foi.

Le nombre des soldats blessés *s'élevait* à huit *cents*.
C'est lorsque les jeunes personnes sont *le moins* r
cherchées dans leur parure, qu'elles sont *le plus bell*
Nous étions alors dans un bas-fond *d'où* nos chevau
ne pouvaient sortir.

176ᵉ LEÇON. — Ses parents ne possèdent *de bi*
que celui que vous leur connaissez en Picardie.
Il n'a tenu à rien que je *ne* tombasse.
L'indifférence où nous sommes pour la vérité dans
morale, vient de ce que nous sommes *décidés* à suivre n
passions, *quoi* qu'il en puisse être.
C'est un théâtre où il y a un excellent ténor et de
bonnes *basses tailles*.
Le tonnerre est tombé sur cette cheminée, et l'a je
à terre.
La vieillesse est rarement aimable; c'est l'époque
la vie où il n'est plus possible de cacher *aucun défau*
tous les moyens pour faire illusion ont *disparu*. Le pl
grand nombre des caractères se dément avant d'arriv
à la fin de la vie; et l'on ne voit *non plus* dans beaucou
de gens âgés que des âmes troublées, habitant encore
comme des fantômes *menaçants*, des corps *demi* ruiné
mais *quand* une noble vie a *préparé* la vieillesse, ce n'e
plus la décadence qu'elle *rappelle*, *ce sont* les premie
jours de l'immortalité.
Après avoir *égalisé* ce terrain, on y fit une jolie pr
menade.
Bien qu'on lui eût défendu *de les fréquenter*, il co
tinua de les voir.
La plus heureuse vie n'a pas *autant* de plaisirs qu'el
a de peines.
Cette jeune personne a presque toujours été la pr
mière de sa division, et elle *le* sera longtemps encor

Malgré tous ses efforts, je doute qu'il atteigne même *au* médiocre.

177e LEÇON. — Combien d'ambitieux se sont *révoltés* contre les puissances légitimes, non pour *égaler* tous les hommes par la liberté, mais pour usurper la même autorité qu'ils avaient *calomniée*.

Cette barque essayait de gagner *ou* à gagner le rivage, mais elle fut *rejetée* en pleine mer par le vent.

Quelques personnes à l'opinion desquelles une longue expérience donne du poids, prétendent que, *quelque* bien *réglés* que soient les détails de cette administration, *quelque* bien *entendues* qu'en soient les économies, un vice radical en détruit les principaux avantages.

La joie de mon voisin *insultait à* mon malheur.

Quoique l'instinct ou l'esprit des animaux *varie*, le sentiment est pareil dans toutes les races.

Les nègres se distinguent des autres hommes, particulièrement par leur couleur, leurs cheveux et leur nez épaté *ou* leurs nez épatés.

Jusqu'ici on ne nous avait fait *aucune proposition* que nous *pussions* accepter.

Il est malheureux que cet homme n'ait jamais su mettre *aucunes bornes* à son ambition (1).

Une infinité de monde *pense* que la vie des courtisans n'est qu'une comédie perpétuelle.

Cette jeune personne a tant joué, tant couru, qu'elle est toute mouillée, *tout* en eau.

Il s'en faut peu que je ne vous blâme.

C'est une expression qui m'est *échappée*, je la désapprouve.

178e LEÇON. — *Ce ne sont* pas les places qui honorent les hommes, mais les hommes qui honorent les places.

Nous *aidâmes à* ce pauvre charretier à débourber sa voiture.

---

(1) Comme on ne dit pas *mettre une borne*, mais *mettre des bornes* à son ambition, à ses désirs, il faut le pluriel même avec *aucun*.

Nos amis l'ont constamment aidé dans toutes ses en
treprises.

Vos droits ont été puissamment, éloquemment dé
fendus.

S'il l'a bien voulu et qu'il ne se démente pas, quel
progrès ne fera-t-il pas en un an!

Il est des âmes qui se devinent à quelques paroles
comme les francs-maçons se reconnaissent à *quelque*
signes.

C'est un pays qui ne fait *du* vin que pour sa propre
consommation.

La plupart des hommes vieillissent dans un peti
cercle d'idées qu'ils n'ont même pas *tirées* de leur propre *fonds*.

A cette nouvelle, *sa colère, son irritation fut* telle qu'il
ne se connaissait plus.

Nous avons pour lui *une estime, un respect égal* à celu
que nous avait inspiré le beau caractère de son père.

C'est toi qui le premier frappas ton adversaire.

Que le jour recommence et que le jour finisse
Sans que jamais Titus *puisse* voir Bérénice.

Ils nous ont souri et *nous ont salués* en passant.

On est venu m'éveiller *ou* me réveiller ce matin à
quatre heures.

Il serait à désirer que la bonté *accompagnât* toujours
la force, et que l'amour de la justice *prévalût* nécessairement dans tous les hommes.

179e LEÇON. — Ce que l'on craint *ou* ce qu'on craint
de fâcheux arrive bien plus vite que ce qu'on désire *ou*
que ce que l'on désire avec ardeur.

Quoi qu'on dise de son mérite, je ne lui trouve *de* talent que celui de sa profession.

Plus on étudie la nature, plus on *en* connaît l'auteur.

Il est arrivé de fâcheux *contre-temps* qui ont détruit
notre espoir.

Il semble que la variété *soit* le sceau de la médiocrité; cela n'empêche pas cependant qu'on n'ait vu *ou*

qu'on ait vu d'assez grands génies accusés de cette faiblesse.

De quinze membres dont se compose notre société,
nous sommes les deux seuls qui *se soient élevés* contre
cette proposition.

Dans le monde, blâmer avec énergie les mauvaises
actions des autres, est *une* des manières qui *coûtent le*
moins et qui réussissent *le* mieux.

Nous ne nions pas que nous ayons *ou* que nous n'ayons
quelques torts envers eux; mais nierez-vous qu'ils *n'*en
aient pas de plus grands à notre égard?

Il a été donné aux Chinois de commencer en tout
plus tôt que les autres peuples pour ne plus faire *aucuns*
progrès.

J'ai connu, dit Voltaire, qu'il n'y a de bon pour la
vieillesse qu'une occupation dont on *soit* toujours sûr.

Plus d'une personne *a cru* cette nouvelle, *tout* absurde
qu'elle *est.*

Il ne faut pas trop regarder à travers les bonnes actions
ou au travers des bonnes actions.

Jusqu'à quand *ou* jusques à quand séjournerez-vous
dans notre ville?

180ᵉ **LEÇON.** — Un grand nombre d'ennemis *paru-*
rent sur les hauteurs voisines.

J'ai tout à craindre de leurs larmes, de leurs soupirs,
de leurs plaisirs *même.*

Les chaleurs arrivèrent *tout à coup.*

Les premiers écrivains travaillaient sans modèle et
n'empruntaient rien qu'à eux-mêmes *ou* que d'eux-mêmes, ce qui fait qu'ils sont *mêlés* de *mille* endroits faibles.
Ceux qui ont *réussi* après eux ont puisé dans leurs in-
ventions, et sont plus *soutenus:* nul ne trouve tout dans
son propre *fonds.*

Malgré tout mon désir de me trouver avec vous, je
prévois d'avance que je ne le pourrai *ou* que je ne le
pourrai pas.

Se coucher de bonne heure et se lever matin sont
les deux meilleurs moyens de conserver sa santé et sa
fortune.

Tout insignifiant qu'*était* cet incident, il empêcha qu
les choses n'*allassent* plus loin.

Il est aussi facile de se tromper soi-même sans s'e
apercevoir, qu'il est difficile de tromper les autres *san*
qu'ils s'en aperçoivent.

On n'a encore publié que *le* premier, *le* second,
troisième et *le* quatrième *volume* de cet ouvrage.

Je ne nie pas que le fond de ce qu'il raconte soit vra
ou ne soit vrai.

Toutes les passions, *quelque* vives qu'elles soient
peuvent s'adoucir, pourvu qu'on se prête à l'instruction

Il y a bien un mois que nous *n'avons pas* de beau
jours.

Quels que soient les prétextes que nous *donnions* à no
afflictions, *ce n'est* pour la plupart que l'intérêt et l
vanité qui les causent.

184ᵉ LEÇON. — Longtemps la France a eu à gémi
des *irruptions* des peuples du Nord.

Les soldats, déjà entraînés par l'exemple du prince
s'excitaient encore *les uns les autres.*

On ne peut devenir savant sans se donner *de la* peine

Il n'arrive jamais que la littérature et l'esprit de rai
sonnement *soient* le partage de toute une nation, *san*
qu'on voie ce que l'on remarque dans les gouvernemen
populaires, où il n'y a point de puérilités *ni* de fantaisie
qui ne trouvent *des* partisans.

Ils n'auront *de la* fortune qu'après la mort de leu
oncle.

De cet événement il a résulté *ou* il est résulté de grand
malheurs.

Ce n'est pas le rang, les titres, la puissance qui ren
dent les souverains aimables ; *ce ne sont pas même* les ta
lents glorieux, il faut encore qu'ils *soient* humains e
bienfaisants.

Il s'en est peu fallu qu'il soit *ou* qu'il ne soit tombé.

Cet écrivain a le rare talent d'unir la simplicité
l'élégance *ou* avec l'élégance.

Il est bien long à venir *ou bien* lent à venir.

Les choses qui ne s'obtiennent qu'à force de prière

ûtént bien *cher*, surtout si c'est un cœur fier qui
rie.

Cette feinte douceur, cette ombre d'amitié,
Vient de la politique et non de la pitié.

Il n'y a point d'accidents si malheureux dont les ha-
iles gens ne *sachent* tirer quelque avantage, ni de si
eureux que les imprudents ne *puissent* tourner à leur
réjudice.

À la fin, cependant, je me *résolus à* faire cette dé-
ense. — Il *résolut de* conclure ce marché.

182ᵉ LEÇON. — *Il s'en faut beaucoup* que notre
oût soit *aussi* difficile à contenter que notre esprit.

J'ai tenu à l'en informer aujourd'hui, afin qu'il *ait*
e temps de réfléchir au parti qu'il lui conviendra de
rendre.

Son mérite *supplée au* défaut de sa naissance.

Il y a des hommes qui non-seulement oublient le bien
t les injures qu'on leur a *faits;* ils haïssent *même* ceux
[ui les ont *obligés*, et cessent de haïr ceux qui leur ont
ait des outrages.

Pendant longtemps une foule de barbares *désolèrent*
a France.

J'avais confiance dans le père, mais je ne puis *avoir*
onfiance dans le fils.

Il y a bien longtemps qu'il soupirait pour cet emploi
u après cet emploi.

Ce père de famille *a succombé au* chagrin d'avoir
perdu sa fortune. — Ce malheureux crocheteur *succombe sous* sa charge.

Ils ont beaucoup parlé de cette circonstance *entre eux*,
mais ils ne l'ont jamais *divulguée*.

Nous avons *pour le théâtre* des règles qui passent
peut-être les forces de l'esprit humain.

Ni mon frère ni moi n'y étions.

Les *opéras*-comiques sont du goût de plus de monde
que les grands *opéras*.

Les louanges que nous donnons aux autres se rapportent toujours par quelque endroit à nous-mêmes ; c'est l'intérêt ou la vanité *qui en sont* les sources secrètes.

Le lézard n'est point un reptile *venimeux*.

Quoique ce ne soit point un érudit, c'est un aigle pour son village.

183e LEÇON. — Il semble que nos actions aient des étoiles heureuses et des étoiles malheureuses *auxquelles* elles doivent une grande partie de la louange et du blâme qu'on leur donne.

Cette faveur que je vous demande pour une famille honorable, accordez-la-moi ; vous me l'avez déjà *promise*, rappelez-vous-le.

C'est la Providence qui *préside à* la conduite de l'univers.

C'est un pays où l'on ne saurait trouver d'eau.

Si Cromwel n'eût été prudent, ferme, laborieux, libéral autant qu'il était ambitieux et remuant, ni la gloire, ni la fortune *n'auraient* couronné ses projets ; car ce n'est pas à ses défauts *que* les hommes se sont *rendus*, mais à la supériorité de son génie.

Ce raisonnement *emprunte de* la circonstance présente une nouvelle force.

Elle tomba dans nos bras *plus d'à demi* évanouie.

Plus d'un savant *a fait* cette faute.

Je ne consentirai pas, mon cher fils, à vous donner *des maîtres* d'agrément, *avant que vous m'ayez donné* plus de satisfaction relativement à vos études sérieuses (1).

Son père ne lui donna *de* talents d'agrément que le dessin et la musique.

La nature ne nous a pas *formés* pour n'être *occupés* que de jeux et de bagatelles ; elle nous a *plutôt destinés* à une sorte de sévérité et à des occupations graves et importantes. S'il nous est quelquefois permis de nous livrer aux jeux et aux amusements, ce n'est qu'après

_____

(1) C'est-à-dire, *je vous donnerai* DES *maîtres seulement après que*, etc.

voir satisfait *ou* c'est seulement après avoir satisfait
aux affaires sérieuses.

184e LEÇON. — Peu de monde *se trompe* sur ses
propres intérêts.

Maintenant que nous sommes d'accord sur le fond, il
nous reste à nous entendre sur la forme.

Les heures les plus mal *employées, ce sont* celles qu'on
a *données* aux regrets, à moins qu'on *n'en* ait tiré des
leçons pour l'avenir *ou* à moins que l'on n'en ait tiré des
leçons pour l'avenir.

Il arriva le cinq mai *ou* le cinq de mai.

> Des deux Richelieu sur la terre,
> Les exploits seront *admirés.*

Il faut savoir distinguer l'ami d'avec le flatteur *ou* du
flatteur.

Il ne s'en faut guère *ou* de guère qu'il *n'ait* tout bu et
tout mangé.

On peint toujours bien ce que l'on sent; les stupides
mêmes sont éloquents en pareil cas.

A quoi que ce soit qu'il s'occupe, il *cesse dès que* son
devoir l'appelle.

Il *alla* les surprendre à leur maison de campagne.

C'est nous qui *nous en sommes allés* les premiers , et
il paraît que tout le monde nous a *suivis.*

Quelque ridicules que soient les prétextes dont le fort
couvre ses injustices, il faut se taire.

Il y a quinze jours qu'il *ne fait pas* de soleil. Il y a
trois mois qu'il n'a plu.

La grâce de la nouveauté et la longue habitude,
quelque opposées qu'elles soient, empêchent également
que nous *ne sentions* les défauts de nos amis.

C'est un homme qui ne vous paiera pas à moins que
vous n'*employiez* des moyens rigoureux, c'est-à-dire à
moins que vous ne l'y *contraigniez* par voie de justice.

Il n'y a rien de si opposé *ou* d'aussi opposé qu'un savant superbe et un bon chrétien : celui-ci croit sans raisonner, et l'autre raisonne sans croire.

185e LEÇON. — Il ne faut pas s'arrêter aux oui-dire. Je n'ai pu faire mieux.

Avant d'attaquer *ou* avant que d'attaquer un abus , il faut voir si on peut *ou* si l'on peut *en ruiner les* fondements.

Il n'est point de si méchantes actions qu'un flatteur ne sache *colorer*.

Un roi ne peut se passer de ministres qui le soulagent et *en qui* il se confie , puisqu'il ne peut tout faire.

La plupart du monde *raisonne* et *juge* des choses sans les bien connaître , et quelquefois même sans les bien comprendre.

Je lui ai écrit pour qu'il *vienne* demain avec nous.

Des armes qui ont été *bénites* par l'église ne sont pas toujours *bénies* du ciel sur le champ de bataille.

Il me semble qu'il *a* tort.

S'il vous semble qu'il *ait* tort , il ne faut pas que sa haute position vous *empêche* de le lui faire sentir.

Des calculs mathématiques ne permettent pas de nier que la terre soit *ou ne soit* ronde.

Les magistrats doivent être justes envers tout le monde , même envers leurs ennemis.

C'est une nouvelle qu'on m'a *donnée* comme certaine dans la maison *d'où* je sors.

La famille *dont* elle sort est très-ancienne.

Nous nous rappelons toujours avec plaisir *nos* premiers succès dans nos études.

On ne fait guère plus de deux ou trois lieues dans cette province , sans rencontrer *des* forêts.

186e LEÇON. — C'est la Providence qui a ordonné les conditions , et qui les a *subordonnées* avec sagesse, afin qu'elles se *servissent* pour ainsi dire de contre-poids, et *entretinssent* l'équilibre sur la terre. Elle n'a pas voulu que la tranquillité de l'âme *dépendît* du hasard de la naissance; elle a fait en sorte que le cœur de la plupart des hommes se *formât* sur leur condition.

Nous *pensons* bien que vous êtes arrivé sans accident.

Soutiendrez-vous un faix sous *lequel* Rome succombe,
Sous *lequel* le grand Pompée a lui-même plié *ou* ployé?

Cette démarche de sa part a assoupi le *différend* qui existait entre eux.

Les princes et les grands qui n'ont plus rien à désirer du côté de la fortune, n'y trouvent rien *non plus* qui gêne leurs plaisirs.

Cet homme, autrefois si fort et si gai, vous le trouverez languissant et *consumé* par le chagrin.

L'immensité des cieux, l'éclat des astres, l'ordre de la nature entière, la structure des hommes et des animaux, tout enfin *révèle* la grandeur de Dieu.

Un nombre infini d'oiseaux *faisaient* résonner de leurs doux chants les bocages qui se trouvaient *autour* de la grotte de la déesse.

S'il y a des hommes dont les ridicules n'aient jamais paru, c'est qu'on ne les a pas bien *cherchés* (voir dans la *Grammaire* le nº 522).

Il importe que vous *sacrifiiez* quelque temps à l'examen d'une telle question.

C'est un homme d'un mérite *éminent*.

La joie de faire du bien est *tout* autrement douce, *tout* autrement touchante, que celle de le recevoir.

187ᵉ LEÇON. — Il y a des gens qui nous plaisent *plus* par leurs défauts que par leurs bonnes qualités.

Il désire beaucoup *d'être nommé* député. — J'allai chez lui, parce qu'il désirait me parler.

Votre père n'apprendra pas sans un profond chagrin votre insouciance pour vos études, et il ne vous verra pas sans vous en faire *des* reproches, sans vous en témoigner *du* ressentiment.

Que d'hommes ont tenté leur fortune par des talents qu'ils n'ont jamais *eus*!

Cet auteur a le talent d'écrire avec une *aimable et noble* simplicité.

Nous nous faisons plus de maux à nous-mêmes que *ne* nous en fait la nature.

Il ne faut pas croire aisément que ce que la nature a

8

fait aimable *soit* vicieux. Il n'y a point de siècle *ni d*
peuple qui n'*aient* établi des vertus et des vices imagi
naires.

Je n'entretenais des rapports avec lui que dans l'es
poir que je le *réconcilierais* avec sa famille.

Les fortunes promptes en tout genre *ou* en tous gen
res sont les moins solides, parce qu'il est rare qu'elle
soient l'ouvrage du mérite.

Le peu de leçons que j'ai *eues m'ont suffi* pour m'ini
tier dans l'étude de cette science.

Conduisez-vous avec la fortune comme avec les mau
vaises *payes ;* ne dédaignez pas les à-compte.

Je ne doute pas que ce ne soit un honnête homme
mais encore faut-il que j'aie une assurance.

188ᵉ LEÇON. — Ce *ne sont* pas des gens comm
vous, messieurs, qui douterez du succès de cette entre
prise (1).

Moins on étudie, *moins on a* de goût pour l'étude.

Quoiqu'ils soient parents, *il s'en faut peu* qu'ils ne s
haïssent.

La valeur et la présomption, la justice et la dureté
la sagesse et la volupté, *se sont mille* fois *succédé,* se son
mille fois confondues *ou* alliées (2).

On a dit *de cet homme* de génie que c'était un *aigl*
dont il n'*était* pas facile de suivre le vol.

Un peu de fermeté lui aurait *épargné* bien des dégoûts

On *aime à* deviner les autres, mais on n'*aime pas*
être deviné.

C'est particulièrement dans les grandes villes qu'o
voit le plus de *culs de jatte.*

---

(1) Ce point est délicat : nous disons *douterez,* et non *douteront*
parce que le nom *gens* et le pronom *vous* représentant les même
personnes, il est plus régulier que le verbe ait pour sujet le dernie
des deux mots.

(2) Dans les *Exercices,* le pronom *se* n'existe qu'une fois pour le
trois verbes, et se trouve être régime *indirect de succédé,* et régim
direct de confondu et *allié,* ce qui n'est pas régulier; la répétitio
de ce pronom est donc de rigueur. (Voir dans la *Grammaire* l
nᵒ 459.)

Pensez-vous que ce nombre d'arbres *suffise* pour planter cette allée?

Le temps fuit, profitez-en, car *la* perte *en* est irréparable.

Ni les dettes ni les procès ne le tourmentèrent, il sut toujours les éviter.

Rien n'est si contagieux *ou* aussi contagieux que l'exemple; et nous ne faisons jamais *de* grands biens *ni de* grands maux *, sans qu'ils en produisent de* semblables.

Quelle belle enfant que votre petite nièce Julie!

C'est de l'Angleterre *que* nous est venue la belle découverte de la vaccine.

Qu'aurions-nous été sans la philosophie? sans elle, qu'auraient été tous les hommes? Sa voix fait naître les villes; c'est à sa voix que les humains, dispersés, se sont *rénuis* en société. Elle les a d'abord *tiés* entre eux en rapprochant leurs habitations; elle a resserré plus étroitement leurs nœuds par l'union conjugale, et a adouci leur société par l'heureuse communication de l'écriture et de la parole.

189ᵉ LEÇON. — On a dit que l'expérience *rend* l'homme sage, mais qu'elle ne *fait* pas le grand homme.

Les sciences et les beaux-arts *florissaient* sous le règne de ce prince.

Cette entreprise repose sur des bases trop ruineuses, pour que ceux qui s'en sont *chargés* n'y perdent pas *de l'argent.*

Faites pour autrui ce que vous voudriez que l'on *fît* pour vous-même.

Il y a environ six semaines qu'il *n'est venu* nous voir.

Les assaillants étaient *à découvert* dans la tranchée. — Quand le roi ouvre les chambres, il se couvre; mais les députés restent *découverts.*

Ces vases *m'ont échappé*, et ils se sont *brisés.*

Je tremble qu'un discours, hélas! trop véritable,
Un jour *ne* leur reproche une mère coupable.

On ne peut apporter plus de bonne volonté que ne fait cet enfant *ou* que n'en apporte cet enfant.

*Quoi qu'*en dise Aristote et sa docte cabale,
Le tabac est divin, il n'est rien qui l'égale.

On ne saurait trop faire que les choses aillent plu
vite.

La plupart des peines n'arrivent *aussi vite* que parc
que nous faisons la moitié du chemin.

Nous ne sommes que deux *qui ayons* le courage d
lutter contre sa volonté tyrannique.

La foule des affaires *l'accable* au point de lui faire né
gliger ses meilleurs amis *mêmes*.

Cela ne laisse pas d'être *ou* que d'être embarrassant.

Je plains bien ceux qui s'étant *battus* cinq ou six foi
dans leur vie, ont toujours tué, blessé ou désarmé *leu
homme* (1).

Les chapeaux de ces dames étaient *ornés* de ruban
gros vert.

190ᵉ **LEÇON**. — Corneille ne peut être *égalé* dans le
endroits où il excelle.

Un *intrigant* a quelquefois *de* grands succès, mais i
est sujet à *de* grands revers.

Cette jeune personne joint l'esprit à la modestie *ou* ave
la modestie, et la grâce à la beauté *ou* avec la beaut
(*à* est plus conforme à l'usage).

Il ne séjourna dans notre ville que *le* neuf, *le* dix et l
onze d'avril dernier *ou le onze avril* dernier.

Il en est de la forme des livres comme de la physiono
mie des personnes : l'impression que l'une et l'autre pro
duisent est favorable ou fâcheuse, *indépendamment de
individus et des ouvrages*.

C'est un roman, bien plus qu'une histoire qu'il a *composé*.

Il est tellement occupé de ses idées et si peu de celle
des autres, que non-seulement il ne tient pas compte d
ce qu'on lui *fait observer;* mais encore qu'on ne saurai
exprimer sa pensée *sans qu'il vous interrompe*.

---

(1) Comme on le voit, l'Académie a bien raison de nous laisse
libres de mettre le singulier ou le pluriel dans ces sortes de cas : ic
le singulier est même bien préférable au pluriel.

Les dignités, les richesses *même* ne peuvent rien pour notre félicité, elle dépend *tout* entière de nos sentiments.

Ces hommes sont *restés* une demi-journée à cheval, ayant leur cuirasse *ou* leurs cuirasses sur les épaules.

Il agit bien avec toute sa famille.

La plupart de ceux qui passent pour généreux *acquièrent* cette réputation à bon marché.

Si ce n'est les méchants, *quelles* sont les gens qui oseraient dire du mal de cette famille.

Il faut un corps d'Hercule pour vivre ici ; mais j'y suis libre, et j'ai trouvé que la liberté *vaut* encore mieux que la santé.

Qui donc a tenu vos enfants sur les *fonts?*

191ᵉ LEÇON. — *Quelque* braves qu'elles soient, des troupes ne montent pas toujours à l'assaut sans montrer *de l'hésitation.*

Tout *composés* de jeunes soldats qu'ils *étaient*, ces régiments ont attaqué l'ennemi *sans montrer d'hésitation.*

La force ou la faiblesse de notre créance *dépendent* plus de notre courage que de nos lumières.

Loin de vous croire obligé de prendre un dessin selon mon goût, ne prenez au contraire que celui *qui vous plaira.*

Il ne faut pas *mal parler* des absents, ni *parler mal* devant les savants.

Comme le plaisir et la douleur ne viennent pas à tous les hommes par les mêmes choses, ils attachent à divers objets l'idée du bien et du mal, chacun selon *son* expérience, *ses* passions, *son* opinion.

Je me hasarderai d'y retourner *ou* à y retourner encore.

Je ne disconviens pas que je n'aie dit, *ou* que j'aie dit, *ou encore* que j'ai dit cela, mais alors je me trompais.

On doit plaindre les enfants qui ne sont pas reconnaissants des soins qu'on leur a *donnés*, ni des sommes considérables que leur éducation a *coûté.*

C'est par cette voie que lui furent *expédiés* les duplicata de ses dépêches.

Les anémones *fleurissent* de bonne heure.

La plupart des hommes agissent autrement qu'ils *ne* pensent.

Quoique nous nous fussions *connus* dans l'enfance, je lui trouvai un air si fier, que je n'osais l'aborder *ou* que je n'osais pas l'aborder.

192ᵉ LEÇON. — Le peu de mots qu'adressait Napoléon à ses soldats *suffisaient* pour les animer.

Depuis longtemps les *ciels de lit* ont passé *ou* sont passés de mode.

La noblesse s'éteint en nous, dès que nous héritons un nom *ou* d'un nom sans hériter les vertus *ou* des vertus qui l'ont rendu illustre.

Ce *ne sont* point les arts ni les métiers qui peuvent dégrader l'homme, *ce sont* les vices.

Peu de mots *suffirent* pour les brouiller.

Après cette bataille, nous fîmes plus de vingt-cinq lieues *sans voir d'ennemis.*

Nous ne pouvions pas faire deux pas *sans rencontrer des obstacles.*

La solitude calme l'âme, et apaise les passions que le désordre du monde a *fait naître.*

Que de choses ne s'est-il pas passé, que d'événements ne s'est-il pas présenté depuis que nous ne nous sommes *vus!*

Il se plaint, *quand*, à dire vrai, les torts sont de son côté.

L'effet général du spectacle est *ou* c'est de renforcer *ou* de renforcir le caractère national, *d'augmenter* les inclinations naturelles, et *de* donner une nouvelle énergie aux passions.

Tel est le piége dans lequel nous avons été *attirés* par les apparences d'*une fausse et trompeuse* amitié.

Il n'acceptera pas votre invitation, à moins que vous *ne* l'en *priiez* avec instance.

Le silence est le parti le plus sûr pour celui qui se défie de *lui-même.*

Cette dame est *tout* aussi fraîche que dans son printemps.

C'est dans les provinces reculées, dont les habitants se déplacent moins, *qu'*il faut aller étudier le génie et les mœurs des nations.

Cela n'empêchait pas qu'elle connût *ou* qu'elle ne connût la bonne littérature, et qu'elle n'en parlât fort bien.

193e LEÇON. — L'Égypte est un pays où, en général, on ne trouve *de l'eau* que dans des puits, le plus souvent fort éloignés *les uns des autres.*

N'insultez pas à sa pauvreté: peut-être n'aurez-vous pas toujours *de la fortune.*

Ce n'est que *dans trois mois* que je pourrai faire le voyage que j'avais projeté. — On ne fait guère la traversée de l'Europe dans l'Inde qu'*en trois mois.*

L'ordre de l'univers, *tout admirable qu'il est,* ne frappe pas également tous les yeux.

Je crains que ce que je dis *ne déplaise* à plus d'une personne.

Craignant qu'on ne le *surprît* et qu'on *ne* le *ramenât,* il passa en toute hâte à l'étranger.

L'avarice, l'ambition, l'envie et la colère sont des plaies plus grandes et plus dangereuses dans les âmes, que les abcès et les ulcères *ne* le sont dans les corps.

Ces jeunes abbés furent *bénis* par un saint prélat.

Tous ceux qui montaient ce navire ont péri, trois matelots *exceptés.*

Pourvu qu'il n'y *ait* pas plus d'irrégularités dans un ouvrage que dans nos propres conceptions, rien n'empêche qu'il puisse *ou* qu'il ne puisse plaire, s'il est bon d'ailleurs. N'avons-nous pas *des tragédies* qui entraînent toujours les suffrages malgré les critiques, et bien qu'elles soient monstrueuses : c'est aux hommes délicats *de choisir* de meilleurs modèles, et *de s'efforcer* d'égaler la belle nature; mais comme elle n'est pas exempte de défauts, *toute belle qu'elle paraît,* nous avons tort d'exiger des auteurs plus qu'elle ne peut leur fournir. *Il s'en faut beaucoup* que notre esprit *soit aussi* difficile à contenter que notre goût.

Je ne sais à quoi il tint que je *ne* le renvoyasse.

194e LÉÇON.—Nous vous avons plainte sérieusement, madame, de la condition que vous a si durement *imposée* votre adversaire ; si nous eussions prévu sa duplicité, nous vous eussions *épargné* tant d'embarras, tant de désagréments!

L'orage était *près de* fondre sur nous, *quand*, à peu de distance, nous aperçûmes une chaumière où nous trouvâmes un *abri*.

Les serpents sont des reptiles *vénimeux*.

Dans les grandes circonstances, il n'y a souvent rien de plus funeste que les *demi-mesures*.

Les uns allaient à droite, *d'autres* à gauche, et *d'autres* dans tous les sens.

Il y a *telles* gens qui s'enorgueillissent des travers dont ils devraient *le plus* rougir.

C'est le jeu et les procès qui les ont *ruinés*.

Il faut *plutôt* tout perdre que de rien faire contre sa conscience.

Ce matin même nous lui avons avancé quelque argent, quoiqu'il nous *doive* déjà une somme assez considérable.

> .... Je suis ce Grec enfin,
> Qui dans ces murs *balança* ton destin.

Les *contre-allées* sont réservées aux piétons.

Il n'y a que Dieu *qui n'ait* ni commencement ni fin.

On nous rendait justice alors, mais aujourd'hui on agit autrement. (Voir dans la grammaire le n° 405.)

Lysimaque et Séleucus ne songeaient qu'à se faire la guerre et à *s'entre-détruire*.

Je n'aurais jamais cru qu'à un âge aussi avancé on aimât encore *à* pêcher et à chasser.

195e LÉÇON. — Les médisances d'un homme méchant et connu pour tel ne sauraient faire que vous *perdiez* l'estime des honnêtes gens.

C'est un homme qui ne trouve *de plaisir* à rien, et cet autre n'a *du goût* que pour la chasse.

On ne peut être *ou* on ne peut pas être plus accessible que *ne* l'est ce ministre.

C'est dommage, dit Rousseau, que les Savoyards ne

bient pas riches, ou peut-être serait-ce dommage qu'ils *e fussent*; car tels qu'ils sont, c'est le meilleur et le plus *imable* peuple que je *connaisse*.

Ils *s'en étaient allés*, mais ils revinrent.

Il y a plus de quinze ans que *je n'ai revu* mon pays *natal.*

C'est nous qui les derniers *déposâmes* les armes (1).

Je ne suis contente de personne, et je ne *le* suis pas le moi-même.

Il dessine assez bien, mais il ne sait pas *colorier*.

Tels ont été les événements que nous avons *vus* s'accomplir, que la société *tout* entière en a été ébranlée.

C'est une bonne œuvre à laquelle tous les habitants le la ville ont concouru, chacun selon *leurs* moyens.

Jamais il ne paraissait sur la scène *sans qu'il fût* accueilli par des applaudissements universels.

L'intrépidité des hommes incrédules, mais *mourants*, le peut les garantir de quelque trouble. *Voici* leur raisonnement : Nous nous sommes *trompés* mille fois sur nos plus palpables intérêts, et nous avons pu nous tromper encore sur la religion. Or, nous n'avons plus le temps *ni* la force de l'approfondir, et nous mourons.

196e LEÇON. — Ces ivrognes s'attablèrent à midi, et *ne s'en allèrent* qu'à dix heures, *ou bien* ces ivrognes *se mirent à table* à midi, et *ne se retirèrent* qu'à dix heures.

Votre frère resta avec nous deux heures et *demie*.

Cet enfant a bien grandi depuis que vous *ne l'avez vu*.

Vous tournez *autour* de la question, mais vous ne la résolvez pas.

Quand les passions quittent les hommes, ils se flattent en vain que ce *sont* eux qui les quittent.

Ce ministre ne reçoit que le lundi, le mercredi et le vendredi de chaque semaine.

Il faut faire cette acquisition *avant qu'on sache* que vous y êtes obligé à tout prix.

---

(1) Le sujet du verbe est *nous* et non les *derniers*; c'est comme s'il y avait : *c'est nous qui déposâmes les derniers*, etc.

8.

Il est une foule d'ouvrages qui, tout empreints *qu'ils sont* de la rouille du temps, méritent d'être *étudiés*.

Le roi ou le prince royal *passera* la garnison en revue *avant* qu'elle soit *remplacée* par une autre.

On ne voit *pas mieux* le ridicule de la vanité, qu'en ce qu'elle se cache sous les apparences de son contraire.

Il montait une belle jument *bai brun*.

J'ai toujours regardé comme le plus estimable des hommes ce romain qui voulait que sa maison *fût* bâtie de manière qu'on *vît* tout ce qui s'y faisait.

Cette dame est *restée court* après les premiers mots de son compliment.

On paye *ou* on paie les moindres biens un peu *cher*, quand on ne les tient que de la raison.

Les vins *de Bourgogne* sont les meilleurs pour la santé.

Nous sommes si peu *faits* pour être heureux ici-bas, qu'il faut nécessairement que l'âme ou le corps *souffre*, quand ils ne souffrent pas *tous les deux*.

197e **LEÇON.** — Peut-il exister un seul homme qui n'éprouvât pas *de l'horreur* à la vue d'un tel spectacle.

Ils pourront lutter quelque temps contre les difficultés mais *en définitive* ils succomberont.

Il arrive quelquefois dans la vie *des accidents dont* il faut un peu de folie pour se bien tirer.

Ils se regardent, s'arrêtent, s'adressent quelques mots, et se *jettent* l'un dans les bras de l'autre.

La force ou l'adresse, l'esprit ou les talents étant les seules qualités qui, dans l'origine, *pussent* attirer de la considération, il fallut les avoir ou les affecter. Être et paraître *devinrent* donc deux choses tout à fait différentes : c'est de là *que* sont *sortis* la ruse trompeuse, le faste imposant et tous les vices qui en sont le cortége.

Tels étaient les principes, les règles de vertu que m'a souvent *répétées feu* ma mère (1).

---

(1) *Principes* et *règles* étant synonymes, le participe ne s'accorde qu'avec le dernier de ces noms.

Votre sœur, ainsi que son amie, *fait* les charmes de notre société.

C'est un homme dont les réponses ne sont souvent que *des coq-à-l'âne*.

C'est sous Charles IX, l'an *mil* cinq *cent* soixante-trois, qu'il fut établi qu'au lieu de commencer à Pâques, l'année commencerait le premier de janvier, *ou* le premier janvier.

Il ne parviendra jamais à mettre cette charge sur ses épaules, si vous ne *lui aidez*.

Le peu de diligence et d'exactitude que vous avez mis, ou mieux *que vous avez apporté* dans la conduite de cette affaire, est cause qu'elle a *échoué*.

A l'aspect du danger où se trouvait leur général, les soldats ont accouru *ou* sont *accourus* pour le sauver.

198ᵉ LEÇON. — Sans la vertu, ni les rois, ni les princes, ni les riches ne sont heureux.

C'est un pays qui offre *tant* de beautés, les sites y sont *si* variés, qu'à chaque pas *ce sont de* nouveaux tableaux, *de* nouvelles jouissances.

Je pense qu'il *peut* vous être utile.

Si vous pensez qu'il *puisse* vous être utile, je vais vous donner une recommandation auprès de lui.

De quels *cuisants* remords ne sont pas *rongés* ceux qui, ayant mal vécu, voient le flambeau de leur vie *près de* s'éteindre.

Le ciel était couvert de nuages, et l'orage fondit tout à coup.

Nous ne sommes que deux qui *consentons* à cette proposition.

Celui qui met une trop grande confiance en lui-même *ou* dans lui-même, s'abandonne à la discrétion des méchants.

Le roi, persuadé que l'absurdité de ces calomnies les ferait tomber d'elles-mêmes, défendit à ses ministres *d'en poursuivre* les inventeurs.

L'empereur Antonin avait appris à son fils Marc-Aurèle qu'il *vaut* mieux sauver un seul citoyen que de défaire mille ennemis.

La douceur, la bonté *angélique* de cette jeune personne lui *conciliera* tous les cœurs.

Celui-là blasphème qui nie que la puissance divine *s'étende* à toutes choses.

Nous dînâmes *de* ce que nous avions emporté avec nous.

Homère et Virgile sont *appelés* les pères des poëtes.

Quoique je désirasse leur *épargner* cette peine, je n'ai pu y parvenir.

199e LEÇON. — La gloire que nous ont *acquise* de grandes actions est un bien que la mort ne peut nous ravir.

Cessez de tant vous inquiéter de l'avenir : n'avez-vous pas *des* revenus? n'avez-vous pas *du* bien?

Cette mère n'a pas de plus grand plaisir que d'être *auprès de* ses enfants.

Il n'y a assurément rien qui chatouille *plus* que les applaudissements; mais cet encens ne fait pas vivre.

Il ne tient pas à moi *qu'on ne vous rende* la justice qui vous est due.

Ni l'un ni l'autre *n'est* l'homme que nous cherchons.

Ni l'un ni l'autre ne *chantent* agréablement.

Les chœurs d'*Esther* et d'*Athalie* sont des *chefs-d'œuvre* lyriques.

De tous ceux qui ont eu des rapports avec lui, vous êtes les seuls *qui n'aient* pas perdu quelque argent.

Vous me rencontrez au moment même de mon arrivée, car *je ne fais que de* descendre de voiture.

J'ai peu d'estime pour *quiconque n'aime* pas à obliger.

Le télescope a beaucoup *aidé les* astronomes dans les découvertes qu'ils ont faites.

Ces dames se sont *plaintes* d'une circonstance dont elles s'étaient premièrement *réjouies*.

Je vous prends tous à *témoin* des aveux qui lui *sont échappés*; rappelez-vous-*les*, messieurs, car vous aurez à en déposer.

Au royaume des aveugles les *borgnes sont rois*.

200e LEÇON. — Les Platoniciens croyaient que

toutes les connaissances que nous acquérons *sont* des réminiscences de ce que nous avons *su avant que de* ou *avant de* naître.

On ne peut mieux *ou* on ne peut pas mieux répondre à ces diverses questions *que ne l'a fait* cet enfant.

Leur prompt et généreux dévouement nous sauva la vie.

Les Égyptiens ont été longtemps *infectés* d'idolâtrie et de magie.

Ils rient et pleurent *ou* ils rient et ils pleurent tour à tour.

On appelle billet, un écrit , une promesse par *laquelle* on s'engage à payer une certaine somme.

Quel est celui qui n'éprouverait pas *de la joie* au récit d'événements glorieux pour sa patrie !

Nous *allâmes* le chercher pour qu'il *vînt* avec nous, mais il se trouva absent.

Guillaume III laissa la réputation d'un grand politique, quoiqu'il *ne fût* point populaire, et d'un général à craindre, quoiqu'il *eût perdu* beaucoup de batailles.

J'avais *pour témoins* mon oncle et mon frère.

Il se *rappelle* très-bien *ce fait.*

Il y a des musiciens, des peintres, qui n'aiment, *chacun dans leur art*, que l'expression des grandeurs, et qui ne cultivent leur talent que pour la gloire.

L'oisiveté est *aussi fatigante* que le repos est doux.

C'est en *fatiguant* les grands qu'on en arrache quelques services.

La religion chrétienne a subsisté depuis le commencement du monde, soit dans les saints de l'ancien testament qui ont vécu dans l'attente de Jésus-Christ avant sa venue, soit dans ceux qui l'ont reçu et qui ont cru en lui depuis sa venue.

201e **LEÇON.** — La belle partie que nous avions *projetée* fut *dérangée* par le temps *ennuyant* qu'il fit toute la journée.

Ces malheureux ont passé toute la saison rigoureuse *sans faire de feu.*

L'homme n'est qu'un roseau le plus faible de la nature; il ne faut pas que l'univers entier s'arme pour l'écraser; une vapeur, un grain de sable *suffit* pour le tuer.

On ne peut douter que la vraie dévotion *ne soit* la source du repos.

C'est à Voltaire *que les culs de sac* doivent d'être encore *appelés impasses.*

Un soldat doit toujours être *prêt à* sacrifier sa vie pour son pays.

Il est certains *ou* de certains devoirs auxquels on ne manque pas sans se préparer *des regrets.*

Ce n'est point un orateur brillant, mais en revanche il a un si grand *fonds* de sincérité et une telle rectitude dans le jugement, qu'on se range quelquefois *à son opinion.*

Il y a dans la véritable vertu *une candeur*, *une ingénuité à laquelle* on ne se méprend point.

Nous lui avons adressé ces volumes par la poste, afin qu'il les *reçoive* jeudi prochain.

La sortie n'ayant pas réussi, la garnison a été *forcée* à rentrer *ou* de rentrer en toute hâte dans la ville.

Il n'est que d'un sot de n'accorder son estime aux hommes *qu'autant qu'*ils ont de la fortune.

Il est certaines contrées que les loups *infestent* pendant la saison rigoureuse.

202ᵉ LEÇON. — C'est vous qui les premiers *fîtes* des objections sérieuses contre ce projet.

Tel qui cachait son âge à quarante ans, l'augmente à *quatre-vingts.*

Il nous ont écrit et *nous ont* complétement *rassurés* sur ce point (1).

La Sicile fut au commencement le pays des Cyclopes; *lors qu'*ils furent détruits, Cocalus s'empara du gouvernement de l'île; *et après lui*, chaque ville tomba sous la puissance des tyrans.

Jusqu'à aujourd'hui *ou* jusqu'aujourd'hui nous ne

(1) Voir la note de la page 170.

nous sommes *aperçus* de rien qui puisse nous donner des soupçons.

La valeur, *tout* héroïque qu'elle est, ne suffit pas pour faire les héros.

On a apprécié plus de mille écus *ou* à plus de mille écus les cadeaux qu'il lui a *faits*.

Sans gouvernement, une maison, une ville, une nation, le genre humain, la nature, le monde entier *ne peut* subsister.

C'étaient bien les deux frères qui géraient la maison, mais *c'était* leur oncle et ses fils qui faisaient les avances de fonds.

C'est un point *auquel* ma taille ne me permet pas d'atteindre.

La faim regarde à la porte de l'homme laborieux, mais elle n'ose ni ne *peut entrer* dans sa maison.

C'est une entreprise de laquelle nous nous estimons fort heureux d'être *sortis* sans avoir perdu *d'argent*.

Moins heureux que vous, nous ne sortirons pas de cette affaire *sans perdre de l'argent*.

Il s'attacha toujours à faire *fleurir* les arts.

203e LEÇON. — Les anciens législateurs ont inutilement *tâché* de faire disparaître l'inégalité des conditions; les lois ne sauraient empêcher que le génie s'élève *ou* ne s'élève au-dessus de l'incapacité, l'activité au-dessus de la paresse, la prudence au-dessus de la témérité. Tous les moyens qu'on a *employés* à cet égard ont été vains : l'art ne peut *égaler* les hommes malgré la nature.

Il se trouvait soixante mille hommes sur le champ de bataille, la réserve *non comprise*.

Ni lui ni son frère ne nous *regardèrent*.

Si on *ou* si l'on est trop jeune, on ne juge pas bien; si on *ou* si l'on est trop vieux, il en est de même. Si l'on ne songe pas assez, si l'on songe trop, on s'entête, et l'on ne peut trouver la vérité.

Mon fils *ou* moi *passerons* chez vous pour prendre vos lettres.

A-t-il rendu les cinq *cents* francs qu'il a *empruntés* à votre frère *ou* de votre frère.

Rappelez-vous que nous sommes les seuls *qui aient* donné leur assentiment à cette mesure.

N'accuse point ton sort, c'est toi seul qui *l'as fait.*

Il s'en faut *de peu* que ce vase ne soit plein.

Un homme *consommé* dans les sciences n'a certainement pas *consumé* son temps dans l'inaction et les frivolités.

Les hommes qui ont vécu en conservant leur âme honnête et leur cœur pur *ou* leurs âmes honnêtes et leurs cœurs purs, meurent en grands hommes, *quels qu'aient* été leur renommée et leur destin.

Les deux sœurs sont de vraies pies-grièches.

204ᵉ **LEÇON**. — Il manque à Campistron, d'ailleurs judicieux et tendre, ces beautés de détail, ces expressions heureuses qui font l'âme de la poésie et le mérite des Homère, des *Virgile*, des Tasse, des *Milton*, des *Pope*, des Corneille, des Racine, des Boileau.

C'est à lui que fut confié le soin d'égaler *ou* d'égaliser les lots de chacun.

César n'était *pas* trop vieux pour penser à la conquête de l'univers.

C'est un homme qui a une pénétration, une profondeur de vue *telle*, qu'il traversa *tout de suite* les intentions de son adversaire.

C'est un mauvais débiteur qui ne vous paiera pas, à moins que vous *ne l'y contraigniez.*

Cet enfant essaie de bonne heure de *ou* à parler.

Conduits seulement par la sensibilité, les animaux ne sont occupés que du présent, et n'ont que des idées bien faibles de l'avenir et du passé; mais les hommes *éclairés* par la raison, qui leur fait connaître la conséquence des choses, en voient les causes et les progrès, et comparent les rapports qu'elles ont *entre elles.* Ils unissent le présent à *ou* avec l'avenir, embrassent *tout de suite* le cours entier de la vie, et préparent *ce qui* leur est nécessaire *pour en remplir la* durée.

Ci-joint la lettre que j'ai *reçue* au sujet de l'affaire dont ils nous avaient parlé.

Je n'aime pas cette maxime qui dit qu'il faut se conduire *envers* ses amis, comme s'ils devaient être un jour nos ennemis.

205e LEÇON. — C'est une sorte de jouissance pour un professeur, de parcourir *ou* que de parcourir un devoir *sans y trouver de fautes.*

Le meilleur remède contre l'ennui, ce sont les occupations qui se succèdent sans interruption les unes aux autres.

L'armée ne recevait plus *aucuns vivres* de ce côté.

Cet étranger vous a regardé en passant, comme s'il eût cru reconnaître en vous quelqu'un de ses amis.

C'est un saint homme qui fait ses plus *chères délices* de secourir les malheureux.

Il y a des plantes *vénéneuses.*

Les bœufs mugissant *ou* mugissants, les brebis et leurs agneaux bêlant *ou* bêlants, venaient en foule : ils ne pouvaient trouver assez d'étables pour être mis à *couvert* (1).

Ces toits étant mal *couverts*, la pluie a pénétré les planchers.

Naître, vivre et mourir sont les trois points qui résument tout le personnage de l'homme.

Cette ville est bien agrandie, bien embellie, depuis que *je ne l'ai vue.*

Quelque durs que *parurent* ces travaux, *quelques* difficultés sérieuses *qu'en* entraînât l'exécution, l'intérêt général fit que ces messieurs s'en chargèrent.

Les rochers de Thrace et de Thessalie ne sont pas

---

(1) En mettant les participes présents *mugissant, bêlant*, la phrase signifiera : *des bœufs qui mugissaient, des brebis et des agneaux qui bêlaient*, venaient en foule, etc. — En mettant les adjectifs *mugissants* et *bêlants*, on peint des qualités inhérentes à ces animaux ; c'est comme si l'on disait, *des bœufs, animaux mugissants; des brebis et des agneaux, animaux bêlants*, et c'est ce qu'a voulu dire l'auteur.

plus sourds, plus insensibles aux plaintes des amants désespérés que Télémaque *ne l'était* à ces offres.

206ᵉ **LEÇON.** — Outre que c'est une contrée brûlée par le soleil, depuis deux mois nous n'avions eu *de la pluie* que deux fois.

Quand des dangers *pressants* menaçaient la république, les hommes de tout âge, les adolescents, les enfants *même* prenaient les armes.

Ce sont les hommes les plus estimables *que j'aie jamais vus*.

Quoi que nous *puissions* faire, notre néant paraît partout.

Vous avez *laissé échapper* l'occasion la plus favorable qui se soit *présentée* depuis longtemps.

> Vous n'empêcherez pas que ma gloire offensée
> En punisse *ou* n'en punisse aussitôt la coupable pensée.

C'est un homme qui ne se laissera pas arrêter sans apporter *de la* résistance.

> Je n'ai pas oublié, prince, que ma victoire
> *Doit* à vos exploits la moitié de sa gloire.

Il est peu d'enfants qui travaillent avec cette *persévérance*, *ce zèle rare*, qui le *distingue*.

Il disparut *tout à coup* sans que l'on *sût* ce qu'il était devenu.

La raison de l'homme a pénétré jusqu'au ciel même. Seuls de tous les animaux, nous connaissons le lever des astres, leur coucher et leur cours : *ce sont* les hommes qui ont marqué les limites des jours, des mois et des années ; les éclipses *de* soleil et les éclipses *de* lune sont *prévues*, c'est-à-dire qu'on les annonce longtemps *avant qu'elles paraissent* ; on *en* marque *la* grandeur, *le* temps et *la* durée. A ce grand spectacle, l'homme le plus vulgaire reconnaît un Dieu, *dont* nous *viennent* la piété, la justice et toutes les vertus.

207ᵉ **LEÇON.** — C'est un ouvrage où l'on rencontre *fréquemment* des citations grecques et latines.

C'est de la Chine *que* nous sont *venus* les vers à soie.

Il est honteux que, malgré leurs six ou huit années d'étude, ces jeunes gens ne puissent encore écrire *sans faire des fautes*.

La poudre à canon commença à devenir commune vers l'an *mil* trois *cent* quatre-*vingt*.

Dans ce temps d'effroi, il n'y avait guère que nous deux *qui osions* faire entendre une voix libre.

Elle est si timide *qu'elle n'ose pas* lever les yeux.

. . . . Et toi, fils de Vénus,
Vois par ce que je suis ce qu'autrefois je fus.

Ils se sont laissé garrotter, sans apporter de résistance.

Ils ne se sont pas laissé enchaîner sans apporter *de la* résistance.

Un habile homme doit régler le rang de ses intérêts, et les conduire *chacun dans son ordre*.

Il n'y aura point de *génération*, *quelque reculée* qu'elle soit, qui ne parle des *grandes et mémorables* actions qui se sont *accomplies* entre nos dernières révolutions.

Je me donnai garde *ou* de garde de révéler ce secret.

Je lui *fis observer* seulement que j'étais insensible à ses reproches, attendu que je n'avais point commis la faute qui les provoquait.

208e LEÇON. — L'amour de la liberté nous empêche souvent de voir les précipices dans lesquels nous sommes tout *près de* tomber.

Il y a huit *contre-basses* dans cet orchestre.

Ces arbres sont tellement *chargés* de fruits qu'ils en ploient *ou* qu'ils en plient.

La bravoure des troupes *suppléa à* l'expérience du général.

On a dit avec raison que la fortune *est* si prompte à fuir, qu'il *faut* la saisir au passage ; en effet, pendant qu'on hésite, elle a déjà disparu.

Ils allaient gaîment *ou* gaiement au combat.

Sa mère tremblait qu'il *ne* lui fût arrivé quelque malheur.

C'est un quiproquo qui fait *le fond* de cette pièce.

Il est évident que *ce sont* nos cinq sens qui ont produit toutes les langues, aussi bien que toutes nos idées.

C'est un homme qui gagne beaucoup d'argent, mais qui dépense tout à fur et mesure, *ou* au fur et à mesure.

Les anciens allaient *nu-pieds*, *même* dans les plus grandes cérémonies.

Tout brave et tout bien commandé *qu'est* ce corps d'armée, il ne pénétrera pas dans la ville sans *perdre du monde*.

On ne rend presque jamais *aucun service* sans que l'amour-propre ou l'intérêt *y engage*.

CHAPITRE XXI.

Exercices sur la PONCTUATION.

(Voir dans la *Grammaire* les principes du nº 788 au nº 795.)

209ᵉ LEÇON. — Si le Créateur nous a distingués des animaux, c'est surtout par le don de la parole. Ils nous surpassent en force, en patience, en grandeur de corps, en durée, en vitesse, en mille autres avantages, et surtout en celui de se passer mieux que nous de tous secours étrangers.

Guidés seulement par la nature, ils apprennent bientôt, et d'eux-mêmes, à marcher, à se nourrir, à nager; ils portent avec eux de quoi se défendre contre le froid; ils ont des armes qui leur sont naturelles; ils trouvent leur nourriture sous leurs pas; et, pour toutes ces choses, que n'en coûte-t-il pas aux hommes? La raison est notre partage, et semble nous associer aux immortels; mais combien elle serait faible sans la faculté d'exprimer nos pensées par la parole, qui en est l'interprète fidèle! C'est là ce qui manque aux animaux, bien plus que l'intelligence, dont on ne saurait dire qu'ils soient absolument dépourvus. Donc, si nous n'avons rien reçu de meilleur que l'usage de la parole, qu'y a-t-il que nous devions perfectionner davantage? et quel objet plus digne d'ambition que de s'élever au-dessus des hommes par cette faculté unique qui les élève eux-mêmes au-dessus des bêtes?

210ᵉ LEÇON. — Rien n'empêche que, dès le premier âge, on ne cultive l'esprit des enfants comme on peut cultiver leurs mœurs. Je sais bien qu'on fera plus dans la suite en un an que l'on n'aura pu faire durant tout le temps qui a précédé ; mais il me paraît néanmoins que ceux qui ont tant ménagé les enfants, ont prétendu ménager encore plus les maîtres. Après tout, que veut-on que fasse un enfant depuis qu'il commence à parler ; car enfin il faut bien qu'il fasse quelque chose ; et si l'on peut tirer de ses premières années quelque avantage, si petit qu'il soit, pourquoi le négliger? Ce qu'on pourra prendre sur l'enfance est autant de gagné pour l'âge qui suit.

Il en est de même de tous les temps de la vie : tout ce qu'il faut savoir, qu'on l'apprenne toujours de bonne heure ; ne souffrons point qu'un enfant perde ses premières années dans les habitudes de l'oisiveté ; songeons que, pour ses premières études, il ne faut que de la mémoire, et que non-seulement les enfants en ont, mais qu'ils en ont même beaucoup plus que nous. Je connais trop aussi la portée de chaque âge pour vouloir qu'on tourmente d'abord un enfant, et qu'on lui demande plus qu'il ne peut. Il faut se garder surtout de lui faire haïr l'instruction dans un temps où il ne peut l'aimer, de peur que le dégoût qu'on lui aura une fois fait sentir ne le rebute pour toujours.

211e LEÇON. — L'expression de Racine est si heureuse et si naturelle, qu'il ne paraît pas qu'on ait pu en trouver une autre ; et chaque mot est placé de manière qu'on n'imagine pas qu'il ait été possible de le placer autrement. Le tissu de sa diction est tel, qu'on n'y peut rien déplacer, rien ajouter, rien retrancher ; c'est un tout qui semble éternel. Ses inexactitudes mêmes sont souvent des sacrifices faits par le bon goût, et rien ne serait si difficile que de refaire un vers de Racine. Nul n'a enrichi notre langue d'un plus grand nombre de tournures ; nul n'est hardi avec plus de bonheur et de prudence, ni métaphorique avec plus de grâce et de justesse ; nul n'a manié avec plus d'empire un idiome souvent rebelle, ni avec plus de dextérité un instrument toujours difficile ; nul n'a mieux connu cette mollesse de style qu'il ne faut pas confondre avec la faiblesse, et qui n'est que cet air de facilité qui dérobe au lecteur la fatigue du travail et les ressorts de la composition ; nul n'a mieux entendu la période poétique, la variété des césures, les ressources du rhythme, l'enchaînement et la filiation des idées ; enfin, si l'on considère que sa perfection peut être opposée à celle de Virgile, et qu'il parlait une langue moins flexible, moins poétique et moins harmonieuse, on croira volontiers que Racine est celui de tous les hommes à qui la nature avait donné le plus grand talent pour les vers.

212ᵉ LEÇON. — Près de la colonie d'Hippone, qui est en Afrique, sur le bord de la mer, on voit un étang navigable, d'où sort un canal qui, comme un fleuve, entre dans la mer, ou retourne à l'étang même, selon que le reflux l'entraîne ou que le flux le repousse. La pêche, la navigation, le bain y sont des plaisirs de tous les âges, surtout des enfants, que leur inclination porte au divertissement et à l'oisiveté. Entre eux, ils mettent l'honneur et le mérite à laisser le rivage bien loin derrière eux ; et celui qui s'en éloigne le plus, et qui devance tous les autres, en est le vainqueur. Dans cette sorte de combat, un enfant, plus hardi que ses compagnons, s'étant fort avancé, un dauphin se présente, et tantôt le précède, tantôt le suit, tantôt tourne autour de lui, enfin charge l'enfant sur son dos, puis le remet à l'eau, une autre fois le reprend et l'emporte tout tremblant, d'abord en pleine mer ; mais peu après, il revient à terre, et le rend au rivage et à ses compagnons. Le bruit s'en répand dans la colonie : chacun y court, chacun regarde cet enfant comme une merveille, on ne peut se lasser de l'interroger, de l'entendre raconter ce qui s'est passé. Le lendemain tout le monde court à la rive ; ils ont tous les yeux sur la mer ; les enfants se mettent à la nage, et, parmi eux, celui dont je vous parle, mais avec plus de retenue.

213ᵉ LEÇON. — Le dauphin revient à la même heure, et s'adresse au même enfant. Celui-ci fuit avec les autres. Le dauphin, comme s'il voulait le rappeler et l'inviter, saute, plonge et fait cent tours différents. Le jour suivant, celui d'après, et plusieurs autres de suite, même chose arrive, jusqu'à ce que ces gens, nourris sur la mer, se font à la fin une honte de leur crainte ; ils approchent du dauphin, ils l'appellent, ils jouent avec lui, ils le touchent, il se laisse manier. Cette épreuve les encourage, surtout l'enfant qui le premier en avait couru le risque ; il nage auprès du dauphin, et saute sur son dos. Il est porté et rapporté, il se croit reconnu et aimé ; il aime aussi, et ni l'un ni l'autre ne ressentent ni n'inspirent la frayeur. La confiance de celui-là augmente, et en même temps la docilité de celui-ci ; les autres enfants l'accompagnent en nageant, et l'animent par leurs cris et par leurs discours. Avec ce dauphin on en voyait un autre qui ne servait que de compagnon et de spectateur : il ne faisait, il ne souffrait rien de semblable, mais il menait et ramenait l'autre dauphin, comme les enfants menaient et ramenaient leur camarade. L'animal, de plus en plus apprivoisé par l'habitude de jouer avec l'enfant et de le porter, avait coutume de venir à terre, et après s'être séché sur le sable, lorsqu'il venait à sentir la cha-

leur, il se rejetait à la mer. Octavius Avitus, lieutenant du pro-
consul, emporté par une vaine superstition, prit le temps que
le dauphin était sur le rivage pour faire répandre sur lui des
parfums : la nouveauté de cette odeur le mit en fuite et le fit
sauter dans la mer. Plusieurs jours s'écoulèrent depuis sans
qu'il parût. Enfin il revint, d'abord languissant et triste ; et
peu après, ayant repris ses premières forces, il recommença
ses jeux et ses tours ordinaires. Tous les magistrats des lieux
circonvoisins s'empressaient d'accourir à ce spectacle : leur arrivée et leur séjour engageaient cette ville, qui n'est déjà pas
trop riche, à de nouvelles dépenses qui achevaient de l'épui-
ser. Ce concours de monde y troublait d'ailleurs et y déran-
geait tout : on prit donc le parti de tuer secrètement le dauphin qu'on venait voir ; ne pleurez-vous pas son sort ?

214e LEÇON. — Jusques à quand, Catilina, abuseras-tu de
notre patience ? Combien de temps encore ta fureur osera-
t-elle nous insulter ? Où s'arrêtera cette audace effrénée ? Quoi
donc ! ni la garde qui veille la nuit au Mont-Palatin, ni celles
qui sont disposées par la ville, ni tout le peuple en alarme, ni
le concours de tous les bons citoyens, ni le choix de ce lieu for-
tifié où j'ai convoqué le sénat, ni même l'indignation que tu
lis sur le visage de tout ce qui t'environne ici, tout ce que tu
vois enfin ne t'a pas averti que tes complots sont découverts,
qu'ils sont exposés au grand jour, qu'ils sont enchaînés de
toute part ! Penses-tu que quelqu'un de nous ignore ce que tu
as fait la nuit dernière, et celle qui l'a précédée ? dans quelle
maison tu as rassemblé tes conjurés ? quelles résolutions tu as
prises ? O temps ! ô mœurs ! le sénat en est instruit, le consul
le voit, et Catilina vit encore ! Il vit ! que dis-je ? il vient dans
le sénat, il s'assied dans le conseil de la république, il marque
de l'œil ceux d'entre nous qu'il a désignés pour ses victimes ;
et nous, sénateurs, nous croyons avoir assez fait, si nous
évitons le glaive dont il veut nous égorger ! Il y a longtemps,
Catilina, que les ordres du consul auraient dû te faire conduire à la mort. Si je le faisais dans ce moment, tout ce que
j'aurais à craindre, c'est que cette justice ne parût trop tar-
dive et non pas trop sévère. Mais j'ai d'autres raisons pour t'é-
pargner encore. Tu ne périras que lorsqu'il n'y aura pas un
seul citoyen, si méchant qu'il puisse être, si abandonné, si semblable à toi, qui ne convienne que ta mort est légitime. Jusque-
là tu vivras, mais tu vivras comme tu vis aujourd'hui, tellement assiégé de surveillants et de gardes, tellement entouré
de barrières, que tu ne puisses faire un seul mouvement, un
seul effort contre la république.

215ᵉ LEÇON. — Des yeux attentifs, des oreilles toujours ouvertes me répondront de tes démarches sans que tu puisses t'en apercevoir. Et que peux-tu espérer encore, quand la nuit ne peut plus couvrir tes assemblées criminelles, quand le bruit de ta conjuration se fait entendre à travers les murs où tu crois te renfermer? Tout ce que tu fais est connu de moi comme de toi-même. Veux-tu que je t'en donne la preuve? Te souvient-il que j'ai dit dans le sénat qu'avant le six des calendes de novembre, Mallius, le ministre de tes forfaits, aurait pris les armes et levé l'étendard de la rébellion? eh bien! me suis-je trompé, non-seulement sur le fait, tout horrible, tout incroyable qu'il est, mais sur le jour? J'ai annoncé en plein sénat quel jour tu avais marqué pour le meurtre des sénateurs. Te souviens-tu que ce jour-là je sus prendre de telles précautions, qu'il ne te fut pas possible de rien tenter contre nous, quoique tu eusses dit publiquement que, malgré le départ de quelques-uns de tes ennemis, il te restait encore assez de victimes? Tu ne peux faire un pas, tu n'as pas une pensée dont je n'aie sur-le-champ la connaissance. Enfin, rappelle-toi cette dernière nuit, et tu vas voir que j'ai encore plus de vigilance pour le salut de la république que tu n'en as pour sa perte. J'affirme que cette nuit tu t'es rendu avec un cortége d'armuriers dans la maison de Lecca. Est-ce parler clairement? qu'un grand nombre de ces malheureux que tu associes à tes crimes s'y sont rendus en même temps. Ose le nier. Tu te tais! Parle, je puis te convaincre! Je vois ici dans cette assemblée plusieurs de ceux qui étaient avec toi. Dieux immortels! où sommes-nous? dans quelle ville, ô ciel! vivons-nous? Dans quel état est la république! Ici, ici même, parmi nous, pères conscrits, dans ce conseil le plus saint et le plus auguste de l'univers, sont assis ceux qui méditent la ruine de Rome et de l'empire; et moi, consul, je les vois, et je leur demande leur avis! et ceux qu'il faudrait faire traîner au supplice, ma voix ne les a même pas attaqués!

FIN.

www.ingramcontent.com/pod-product-compliance
Lightning Source LLC
Chambersburg PA
CBHW072222270326
41930CB00010B/1962